Sexuelle Übergriffe unter Kindern

mebes & noack

Sexuelle Übergriffe
unter Kindern

Handbuch zur Prävention und Intervention

Ulli Freund
Dagmar Riedel-Breidenstein

mebes & noack

151,- €

Pä
230
Fr...

Sexuelle Übergriffe unter Kindern
Handbuch zur Prävention & Intervention
Ulli Freund und Dagmar Riedel-Breidenstein

Deutsche Originalausgabe
Alle Rechte vorbehalten
ISBN 3-927796-69-7

© 2004
verlag mebes & noack
in der WISSEN+HANDELN vertriebs gmbh
Postfach 13 01 21
D - 50495 Köln
www.mebesundnoack.de
www.donnavita.de

Auflage
1 - 2 - 3 / 2007 - 2006 - 2005 - 2004

Lektorat: Doris Tiu, Bonn
Satz und Gestaltung: Monika Schmitt, Königswinter
Autorinnenfoto: Barbara Seyerlein, Berlin
                       www.seyerleinundseyerlein.de
Druck: Ziltlac, Slowakei

EINLEITUNG

Strohhalm arbeitet seit dreizehn Jahren zum Thema Prävention von sexuellem Missbrauch an Mädchen und Jungen. Wir gehen davon aus, dass sexueller Missbrauch eine Form von Gewalt ist und dass Erwachsene für den Schutz der Kinder verantwortlich sind. Deshalb bieten wir in Berliner Kindereinrichtungen und Grundschulen ein Präventionsprogramm an, das sich an Erzieherinnen und Erzieher, Lehrkräfte, Eltern und natürlich an Mädchen und Jungen wendet.

In den Vorbereitungstreffen qualifizieren wir die pädagogischen Fachkräfte dafür, im Alltag mit den Kindern an der Stärkung ihres Selbstwertgefühls zu arbeiten und AnsprechpartnerInnen für Probleme und Gewalterlebnisse innerhalb und außerhalb der Einrichtung zu sein. Die Eltern beraten wir zu einer Erziehungshaltung, die Kinder respektiert und keine Anknüpfungspunkte für Täterstrategien bietet.

In der Arbeit mit den Kindern geht es darum, an ihren Ressourcen und Stärken anzusetzen und mit ihnen Ideen zu entwickeln, wie sie sich schützen und wehren und von wem sie Hilfe bekommen können. Mit den Schülerinnen und Schülern der dritten bis fünften Klassen spielen und besprechen wir kurze Rollenspiel-Szenen, die bedrohliche Situationen zeigen – von der Taschengelderpressung auf dem Schulweg bis hin zu ersten Annäherungen bei sexuellem Missbrauch durch vertraute Personen und Kontaktaufnahme durch fremde Täter.

Den drei- bis sechsjährigen Mädchen und Jungen in Kindereinrichtungen vermitteln wir durch Puppenszenen aus ihrer Erlebniswelt präventive Botschaften. Die Szenen behandeln alltagstypische Konflikte und Grenzverletzungen und bieten Lösungen an.

Sexuelle Gewalt durch Erwachsene an Mädchen und Jungen zu verhindern, ist also der Arbeitsschwerpunkt von *Strohhalm*. Im Rahmen dieser Arbeit haben wir in den letzten Jahren die Erfahrung gemacht, dass sexuelle Übergriffe durch Kinder an Kindern in pädagogischen Fachkreisen zunehmend als Problem neben sexuellem Missbrauch erkannt werden – ein Problem, für das es zunächst nicht einmal einen Namen, dafür aber großen Handlungsdruck gab.

> Sexuelle Übergriffe unter Kindern werden in pädagogischen Fachkreisen zunehmend als Problem neben sexuellem Missbrauch anerkannt – ein Problem, für das es zunächst nicht einmal einen Namen, dafür aber großen Handlungsdruck gab.

Besonders im Rahmen von Dienstbesprechungen in Kitas oder auf Gesamtkonferenzen an Grundschulen, wo wir eigentlich nur unser Präventionsprogramm gegen sexuellen Missbrauch vorstellen sollten, kam es zu Diskussionen über schwer einschätzbare, irgendwie aggressive und sexualisierte Verhaltensweisen in den Gruppen oder Klassen.

Folgende Beispiele, die von ErzieherInnen und LehrerInnen geschildert wurden,[1] sollen einen Eindruck vermitteln, von welchen Situationen bei sexuellen Übergriffen unter Kindern die Rede ist:

▸ Die vierjährige Lea beschwert sich bei ihrer Erzieherin, dass Jannik und Paul, beide fünf Jahre, sie auf dem Klo nicht in Ruhe lassen und immer ihre Muschi angucken wollen.

▸ Beim Schwimmunterricht in einer dritten Klasse reißen drei Jungen die Tür zum Umkleideraum der Mädchen auf und machen geschlechtsverkehrähnliche Hüftbewegungen.

▸ Die Schüler einer vierten Klasse benutzen Schimpfwörter wie „Ficker", „Wichser", „dreckige Nutte", „alte Fotze" etc.

---

1 Wir haben uns um eine repräsentative Auswahl der Beispielsfälle bemüht, die die unterschiedlichen Handlungsformen, die Beteiligung der Geschlechter sowie die kulturellen Hintergründe der beteiligten Kinder in etwa widerspiegeln soll. Die Namen der Kinder wurden verändert.

- Die fünfjährige Jessica, die eine Außenseiterrolle in der Kindergruppe hat, weil sich die meisten Kinder von ihr schnell überrumpelt und in die Enge getrieben fühlen, wird nur zum Mitspielen aufgefordert, wenn es um Doktorspiele geht. Dann zieht sie sich bereitwillig aus und lässt sich untersuchen.
- Die Zehnjährigen Burak, Memet und Hülya verabreden sich öfter im Fahrradkeller der Schule, um sich gegenseitig ihre Geschlechtsteile zu zeigen. Bei einer dieser Gelegenheiten versucht Burak, Hülya vaginal zu vergewaltigen.
- Der siebenjährige Max verlangt von seiner gleichaltrigen Freundin Yasemin, dass sie seinen Penis in den Mund nehmen soll. Als sie nicht will, boxt er sie in den Bauch.
- Der sechsjährige Milan versucht in der Kuschelecke in der Kita, dem dreijährigen Steven seinen Penis in den Po zu stecken.
- Die beiden Achtjährigen Manuel und Jakob wollen die Unterwerfungsbereitschaft ihres unbeliebten Mitschülers Leo testen. Sie zwingen ihn, die Klobrille abzulecken, und nachdem ihnen das gelungen ist, muss er Jakob am Poloch lecken.
- In einer Kita möchte die sechsjährige Hatice öfter die beiden dreijährigen Jungen Kevin und Gökan bei sich in der Kuschelecke haben. Sie zieht sich dann aus, spreizt die Beine und möchte, dass die Jungen sie dort ansehen und anfassen.
- Der vierjährige Simon wird von seiner großen Schwester Jennifer (sieben Jahre) gezwungen, am Penis des dreijährigen Mike zu ziehen.
- Auf dem Schulhof ist unter den Jungen „Eierkneifen" verbreitet. Obwohl „das doch nur ein Spiel ist", finden einige jüngere und schwächere Jungen das nicht lustig. Trotzdem hören die anderen nicht auf.
- Der wegen aggressiven Verhaltens auffällige achtjährige Lucas überredet seine Mitschüler Dennis und Wladimir, beides Jungen mit geistiger Behinderung, sich gegenseitig den Penis in den Po stecken, und verspricht ihnen dafür fünf Euro.
- In der Hofpause wird begeistert „Jungen fangen Mädchen" und „Mädchen fangen Jungen" gespielt. Dabei werden den Mädchen öfter Zungenküsse aufgezwungen.

Beratungsbedarf in Kitas und Grundschulen

Der Beratungsbedarf zu diesen Situationen entstand vorwiegend aus Unsicherheit im Erkennen und Einordnen derartiger Vorgänge. „Wie nennt man so etwas eigentlich, wenn doch nur Kinder beteiligt sind?" „Ist das schwer wiegend, was Kinder sich gegenseitig tun?" „Ist das nicht übertrieben, schon in der Kita so etwas wie sexuelle Gewalt zu vermuten?" „In dem Alter kann es doch noch keine Täter geben!" Daraus entstanden Fragen über die „richtige" Reaktion auf solche Vorfälle, die sofortige oder eventuell auch eine spätere Reaktion, wenn die Erstreaktion ausblieb oder unzureichend war („Was bringt das dann noch?"). „Wenn ich weiß, dass es ein sexueller Übergriff ist, wie geht es dann weiter?" „Was ist der angemessene Umgang mit dem Thema?" „Muss mit Eltern und Leitung gesprochen werden? Und die anderen Kinder? Für die ist das doch eher belastend und sie verstehen das gar nicht." „Ist die Empörung der Eltern von betroffenen Kindern nicht total übertrieben?" „Ist das nicht ein bisschen viel verlangt? Wir sind doch keine Therapeutinnen!"

Diese Unsicherheiten im fachlichen Umgang entstehen nicht zuletzt dadurch, dass das Thema Sexuelle Übergriffe unter Kindern kein Ausbildungsinhalt für pädagogische Berufe ist. So etwas erlebt man in der Praxis, ist aber nicht darauf vorbereitet.

Die fehlende Qualifikation erzeugt dann ein Gefühl von Inkompetenz, das oft als peinlich erlebt wird. In der Folge sind häufig Abwehrhaltungen gegenüber solchen Situationen zu beobachten. Entweder werden sie nicht wahrgenommen, oder sie werden verharmlost oder größerer gesellschaftlicher Freizügigkeit in die Schuhe geschoben – die denkbar schlechteste Voraussetzung, um eine fachlich angemessene Sensibilisierung als pädagogische Haltung zu entwickeln. Im Ergebnis verbleibt der Umgang mit sexuellen Übergriffen unter Kindern oft in einem breiten Interpretationsrahmen zwischen persönlicher Scham der pädagogischen Fachkräfte, unfachlichem Handeln und institutionellem Verschweigen.

Selbst PädagogInnen, die über Fachwissen und/oder Erfahrung im Umgang mit sexuellem Missbrauch verfügen, fühlen sich bei sexuellen Übergriffen unter Kindern nicht ausreichend kompetent. Dies ist eigentlich nicht erstaunlich, wenn man sich vergegenwärtigt, dass sich sexuelle Übergriffe unter Kindern trotz gewisser Parallelen zu sexuellem Missbrauch von Letzterem im Erleben, in der Definition und den Interventionsmöglichkeiten sehr unterscheiden: Die ausschließliche Beteiligung von Kindern erfordert in jeder Hinsicht andere Reaktionsweisen.

> Im Ergebnis verbleibt der Umgang mit sexuellen Übergriffen unter Kindern oft in einem breiten Interpretationsrahmen zwischen persönlicher Scham der pädagogischen Fachkräfte, unfachlichem Handeln und institutionellem Verschweigen.

Mit der Sensibilisierung für dieses Thema ist der Beratungsbedarf zum fachlichen Umgang enorm gewachsen. Aufgrund dieser Entwicklung hat *Strohhalm* ein spezialisiertes Beratungskonzept entwickelt, um diesen Aspekt der Präventionsarbeit angemessen zu berücksichtigen, und ist mittlerweile zur zuständigen Beratungsstelle in Berlin für sexuelle Übergriffe unter Kindern geworden.

Dieser kurze Blick auf unseren Zugang zu diesem Thema macht deutlich, wie stark wir in diesem Buch von unseren Erfahrungen in Kitas und Grundschulen ausgehen.[2] Bereits der Leitfaden zum fachlichen Umgang mit sexuellen Übergriffen unter Kindern,[3] in dem wir 2003 unsere Beratungserfahrungen zusammengestellt haben, war deshalb ausdrücklich als Handreichung für pädagogische Fachkräfte in Kita und Grundschule, unserem üblichen Arbeitsfeld, konzipiert. Die große Nachfrage nach dieser Broschüre bestätigte bzw. übertraf unsere Einschätzung, wie groß der Informationsbedarf zu diesem Thema ist: Die Bestellungen erreichten uns aus dem gesamten Bundesgebiet, große Stückzahlen zur Weiterverbreitung wurden bis nach Österreich und in die Schweiz geschickt.

---

2 Bislang gibt es keine wissenschaftlichen Untersuchungen zu diesem Thema mit pädagogischer Schwerpunktsetzung.
3 Strohhalm e.V.: „Ist das eigentlich normal?" Sexuelle Übergriffe unter Kindern. Leitfaden zur Verhinderung und zum fachlich-pädagogischen Umgang. Berlin 2003

Beratungsbedarf in therapeutischen Einrichtungen und Beratungsstellen

Inzwischen hat sich gezeigt, dass es auch in anderen Bereichen als Kitas und Grundschulen eine starke Nachfrage nach Fachwissen zu diesem Thema gibt. Vor allem betreute Wohneinrichtungen, insbesondere solche, die auf Mädchen und Jungen mit (passiver oder aktiver) Gewalterfahrung spezialisiert sind, signalisierten großes Interesse. In diesem Arbeitsfeld gibt es natürlich das Problem, dass von den dort Beschäftigten eine „Übersetzungsarbeit" für ihren speziellen pädagogischen Alltag vorgenommen werden muss: Was ist von unseren Erfahrungen aus Kitas und Grundschulen und den daraus gewonnenen Anleitungen in solchen therapeutischen Einrichtungen anwendbar? Es wäre auch für uns sehr interessant, in diesem pädagogischen Bereich Erfahrungen zu sammeln und im Hinblick auf das Thema zu bearbeiten, aber unsere Personalsituation erlaubt solche Erweiterungen des Arbeitsfeldes derzeit leider nicht.

Noch deutlicher wurde der Bedarf an spezifischer pädagogischer Beratung im therapienahen Bereich aufgrund der umfangreichen Anfragen von Beratungsstellen. Inzwischen gibt es einen breiten Diskurs zwischen Beratungsstellen und therapeutischen Einrichtungen auf Kongressen, in Fachartikeln und -büchern, die sich mit jugendlichen Tätern befassen. Dabei zeigt sich immer wieder, wie schwer es ist, die Ergebnisse und Überlegungen aus den diskutierten Untersuchungen oder Erfahrungen auf den pädagogischen Alltag zu übertragen. Die zielgerichtete, komprimierte und zeitlich begrenzte Therapie- oder Beratungssituation mit sexuell aggressiven Jungen, jugendlichen Sexualstraftätern, sexuell devianten Jugendlichen o.Ä. unterscheidet sich sehr vom pädagogischen Alltag mit den gleichen Personen in Wohn- oder Bildungseinrichtungen. Denn Letzterer ver-

> Die typische Frage einer Lehrerin oder eines Erziehers an den Therapeuten, wie man denn nun mit der oder dem Jugendlichen in schwierigen Situationen im Alltag umgehen soll, bleibt oft ohne anwendbare Antwort.

langt, die anderen Kinder und Jugendlichen zu schützen, sich Maßnahmen zuzutrauen, auf Provokationen zu reagieren, Grenzen zu setzen und zu kontrollieren, „schlechte" Phasen auszuhalten, spontan zu reagieren, authentisch und klar zu sein – und dies alles mit Blick und Verantwortung für ganze Gruppen und Klassen. Therapeutische Begleitung findet in diesem Alltag gar nicht oder bestenfalls nebenbei statt. Die typische Frage einer Lehrerin oder eines Erziehers an den Therapeuten, wie man denn nun mit der oder dem Jugendlichen in schwierigen Situationen im Alltag umgehen soll, bleibt oft ohne anwendbare Antwort. Hier bietet unser Leitfaden Orientierung.

Sexismus und Geschlechterverhältnis

Einen Schwerpunkt der feministischen Diskussion in den achtziger Jahren stellte im pädagogischen Bereich das Thema „Sexistische Gewalt von Jungen gegen Mädchen in der Schule" dar. Es erschienen zahlreiche Untersuchungen und Analysen, es wurden Lösungsvorschläge in Form von geschlechtsspezifischen pädagogischen Konzepten entwickelt und die Koedukation kritisch hinterfragt.[4] Bei diesem Thema geht es um Jungen, die Mädchen verbal abwerten, mit sexualisierten Beleidigungen demütigen, es geht um Prügeleien, die vorgeblich von Mädchen provoziert werden, um machtorientiertes Konkurrenzverhalten, Belästigungen in Schulklos und Umkleideräumen etc. Dieses Thema ist allerdings kaum im pädagogischen Alltag angekommen, wie wir bei der Arbeit in unserem Präventionsprogramm immer wieder feststellen müssen.

Auch aufgeschlossene PädagogInnen bringen Sexismus und Männergewalt eher mit den Verhältnissen zwischen Erwachsenen in Zusammenhang. Der Diskurs über sexistische Gewalt von Jungen an Mädchen erleichterte es uns jedoch, das schwierige, vermeintlich neue Phänomen „Sexuelle Übergriffe" wahrzunehmen, einzuordnen und zu differenzieren.

Der praktische Ausgangspunkt, der wesentlich zu unserer Arbeit gehört, führte zu Akzentverschiebungen: Unser Fokus richtet sich nicht nur auf das

---

4 vgl. z.B. Enders-Dragässer, Uta/Fuchs, Claudia (Hg.): Frauensache Schule. Frankfurt am Main 1991

Geschlechterverhältnis und das damit verbundene Machtverhältnis. Denn aus unseren Erfahrungen wissen wir, dass zwar ca. 75 Prozent der übergriffigen Kinder Jungen sind, dass aber Jungen auch etwa die Hälfte der betroffenen Kinder ausmachen. Gerade der erste Fall, zu dem wir beratend hinzugezogen wurden, betraf ein Mädchen in der aktiven Rolle des übergriffigen Kindes. Neben dem Geschlecht sind nach unserer Erfahrung auch andere Merkmale, die Machtverhältnisse konstituieren, von Bedeutung, wie Alter, Beliebtheit, Behinderung oder ein Migrationshintergrund.

Die Differenzierung der Motive des übergriffigen Kindes durch den Aspekt des Überschwangs ist nun schließlich so deutlich am pädagogischen Alltag orientiert, dass unsere Herangehensweise den PraktikerInnen erlaubt, ihren Alltag wiederzuerkennen. Sie können z.B. nachvollziehen, dass ein vierjähriger Junge, der im Eifer der gegenseitigen Untersuchungen bei Doktorspielen zu grob die Vulva einer Dreijährigen anfasst, ein sexuell übergriffiges Kind ist. Aber sie sträuben sich dagegen, ihn als sexuellen Gewalttäter einstufen.

Der offene Umgang mit dem, was sie an Vorfällen erleben, die Einschätzung auf der Basis von Erfahrungen führt dann jedoch häufig zu einer deutlicheren Sicht der PädagogInnen auf die Geschlechterverhältnisse, die sich in Kita und Schule ausdrücken. So ist es ein häufiges Ergebnis unserer Arbeit, dass LehrerInnen bemerken, wie viel Raum sie den Jungen geben, insbesondere den „auffälligen", weil die ja durch Lautstärke und störende Aktivitäten auffallen. Auffällig stille Mädchen bekommen nicht soviel Aufmerksamkeit.

Die dominante Rolle der Jungen, aber auch die Mechanismen, wie die Jungen und Mädchen sich untereinander und gegenseitig in die traditionellen Geschlechtsrollen hinein sozialisieren, können mit unserer Unterstützung deutlicher wahrgenommen und in der Folge auch mit geschlechtsbewussten Unterrichtsangeboten und Methoden des Sozialen Lernens bearbeitet werden.

Prävention

Über diesen erfahrungsorientierten Zugang hinaus ist uns natürlich der inhaltlich-strukturelle Zusammenhang zwischen Prävention von sexuellem Missbrauch und Beratung zu sexuellen Übergriffen unter Kindern wichtig. Die Präventionsthemen aus der Arbeit gegen sexuellen Missbrauch wirken zugleich präventiv gegen sexuelle Übergriffe. Mädchen und Jungen, die über ein starkes Selbstbewusstsein verfügen, gelingt es eher, in Übergriffssituationen ihre Grenzen zu zeigen oder auch sexuelle Übergriffe abzuwehren. Kinder, die ihr Recht auf Hilfe kennen, wagen es eher, ihre ErzieherInnen oder LehrerInnen um Unterstützung zu bitten. Die Präventionsarbeit bewirkt zudem, dass sich Schuldgefühle weniger stark ausprägen, wenn ein Kind von sexuellen Übergriffen betroffen ist, und dass ein möglicher Geheimnisdruck durchbrochen werden kann. Aber nicht nur die Aspekte der Opferprävention schützen Kinder davor, von sexuellen Übergriffen betroffen zu werden. Auch Aspekte der Täterprävention, die zu unseren Anliegen im Rahmen des Präventionsprogramms gehört, können sich so auswirken, dass Kinder weniger leicht übergriffiges Verhalten zeigen. Täterprävention beginnt dort, wo wir mit den PädagogInnen Grundzüge einer geschlechtsbewussten Erziehung erarbeiten.Wir sprechen mit ihnen darüber, inwieweit männliche Sozialisation das Risiko birgt, dass Jungen zu Tätern bzw. zu übergriffigen Jungen werden, und erörtern die Vorteile und Modelle geschlechtsdifferenzierten Unterrichts.

> Präventionsarbeit bewirkt, dass sich Schuldgefühle weniger stark ausprägen, wenn ein Kind von sexuellen Übergriffen betroffen ist, und dass ein möglicher Geheimnisdruck durchbrochen werden kann.

Auf den Elternabenden versuchen wir, mit den Eltern, vor allem mit den Vätern, über günstige und ungünstige Rollenvorbilder für Jungen ins Gespräch zu kommen. In unserem Kinderworkshop beschäftigt sich ein Rollenspiel speziell mit diesem Thema. Es geht dabei um Jungen, die ein Mädchen ärgern. Wer hat Spaß dabei und wer nicht? Muss ein guter Freund alles mitmachen, auch wenn er merkt, dass hier die Grenze eines Mädchens überschritten wird? Geht es nur um individuelle Charakterstärke, oder wie können Regeln und das eindeutige Interesse der Lehrerin oder des Lehrers an der Einhaltung von Grenzen in der Klasse helfen? Was ist eigentlich Stärke, und wie kann ein einfühlsamerer Junge sich durchsetzen, ohne als „Schleimer" zu gelten?

Aber Präventionsarbeit wirkt nicht nur gegen sexuelle Übergriffe, sondern es gibt auch einen umgekehrten Zusammenhang: Die fachliche Intervention bei sexuellen Übergriffen unter Kindern wirkt auch präventiv gegen sexuellen Missbrauch durch Erwachsene an Mädchen und Jungen. Zum einen hat sie täterpräventive Aspekte, weil Wege in die Bedürfnisbefriedigung und Konfliktbewältigung durch sexuelle Gewalt früh durchkreuzt werden. Es wird verhindert, dass Muster entstehen, vorhandene Muster werden durchbrochen, und es werden Zeichen gesetzt, die deutlich machen, dass dies kein tolerierter und erfolgreicher Weg ist. Die Intervention bei sexuellen Übergriffen bietet übergriffigen Kindern die Chance auf frühzeitige Hilfe, um den einmal eingeschlagenen Weg wieder verlassen zu können. Zum anderen hat sie auch eine opferpräventive Seite: Betroffene Kinder, die bei sexuellen Übergriffen Unterstützung erfahren, machen wichtige Erfahrungen, die verhindern können, dass sie in eine Opferrolle hineinwachsen. Sie müssen mit der Erfahrung des Übergriffs nicht allein bleiben, die andauernde Wirkung der Botschaft „Du bist für andere verfügbar" bleibt ihnen erspart, und sie erleben, dass es sich lohnt, Hilfe zu holen.

Insofern ist die Beratungsarbeit zu sexuellen Übergriffen ein integraler und vertiefender Bestandteil der Präventionsarbeit gegen sexuellen Missbrauch an Mädchen und Jungen.

KINDLICHE SEXUALITÄT UND SEXUALERZIEHUNG

KINDLICHE SEXUALITÄT

Die Beschäftigung mit kindlicher Sexualität ist notwendig, um sexuelle Aktivitäten von sexuellen Übergriffen unterscheiden zu können. Der Zugang zur kindlichen Sexualität erfolgt somit hier aus einer scheinbar negativen Perspektive. Denn sexuelle Übergriffe unter Kindern zu verhindern ist das zentrale Thema des vorliegenden Buches. Aber die Verhinderung von sexuellen Übergriffen unter Kindern ist kein sexualfeindliches Anliegen, sondern verfolgt gerade das Ziel, die sexuelle Entwicklung von Kindern frei von Gewalterfahrungen zu ermöglichen. Es geht dabei um den Schutz der Kinder und um ihren Zugang zu einer bejahenden, positiven Sexualität – nicht darum, ihnen Sexualität zu verleiden,

Dennoch ist es wichtig, zunächst diesen gewaltpräventiven Anlass der Beschäftigung mit kindlicher Sexualität beiseite zu schieben, um den Blick auf kindliche Sexualität nicht von vornherein zu verengen und damit zu verzerren. Das Wissen um kindliche Sexualität und um die sexuelle Entwicklung von Kindern ist von großer Bedeutung, um Kinder in diesem Lebensbereich fördern und begleiten zu können. Sexuelle Entwicklung ist ein Teil der Persönlichkeitsentwicklung und benötigt pädagogische Aufmerksamkeit und Unterstützung, die von der positiven Bedeutung der Sexualität inspiriert ist.

Sexualität –
Ein menschliches Grundbedürfnis in jedem Alter

Menschen können ihre Sexualität auf sehr verschiedene Weise leben und ausdrücken, und vieles, was die Sexualität betrifft, ist eine Frage der persönlichen Einstellung, der kulturellen und religiösen Werte, denen man sich verpflichtet fühlt: Welche sexuellen Äußerungen sind in der Öffentlichkeit erlaubt, welche gehören eher in den Privatbereich oder gar ins Schlafzimmer? Welche Bedeutung hat Sexualität in meinem Leben? Fühle ich mich vom anderen oder vom gleichen Geschlecht angezogen? Gehören Sexualität und Liebe zusammen? Braucht Sexualität den Rahmen einer festen Partnerschaft oder Ehe?

Dass aber der Mensch ein sexuelles Wesen ist, ist eine psychologische Tatsache und keine Frage der Einstellung. Sexualität ist eine Lebensenergie, ein menschliches Grundbedürfnis, es ist der Wunsch nach körperlich-seelischer Lust, Wohlbefinden, Erotik, Leidenschaft und Zärtlichkeit. Aber die Sexualität verändert sich im Laufe des Lebens.

Die unterschiedlichen Aspekte von Sexualität (Identität, Lust, Beziehung, Fruchtbarkeit) entfalten ihre Bedeutung unterschiedlich stark in den verschiedenen Lebensphasen. Mit Sexualität assoziieren viele Menschen aber zunächst und oft auch ausschließlich Erwachsene und Jugendliche, kaum Kinder oder gar Säuglinge. Menschen erleben Sexualität jedoch von Geburt an. Auch Kinder sind sexuelle Wesen. Die sexualpädagogische Fachliteratur geht davon aus, dass diese Tatsache heutzutage allgemein akzeptiert wird. Betrachtet man jedoch die mitunter erschrockenen Reaktionen auf sexuelle Aktivitäten, in denen Kinder dieses Grundbedürfnis zum Ausdruck bringen, sind Zweifel an dieser optimistischen Einschätzung angebracht. Der Mythos vom „unschuldigen" Kind ist noch weit verbreitet. Er weist zum einen auf eine noch immer wirksame Sexualmoral hin, die Sexualität mit Unanständigkeit in Verbindung bringt. Zum anderen liegt diesem Bild ein begriffliches Missverständnis zu Grunde: Das Verständnis von Sexualität ist häufig verengt und setzt Sexualität mit erwachsener Sexualität gleich, mit der Folge, dass man (zu Recht) Kinder mit diesen Formen der Sexualität nicht in Verbindung bringen will. Diese Unkenntnis lässt Schreckensbilder entstehen von sexualisierten Kindern, die gleich Erwachsenen eine von sexuellem Begehren geleitete Sexualität ausleben, und dies völlig enthemmt, weil sie anders als Erwachsene noch kaum moralische Kategorien entwickelt haben.

Deshalb ist es wichtig, kindliche Sexualität in ihrer Eigenständigkeit und Unterschiedlichkeit zu begreifen. Nur wenn dies gelingt, kann bei Erwachsenen eine Haltung entstehen, die kindliche Sexualität nicht als bedrohlich erlebt, die sich nicht auf Vermeidungs- und Verbotserziehung konzentriert, sondern einen pädagogischen Umgang mit kindlicher Sexualität erlaubt, welcher der Bedeutung der Sexualität für die Persönlichkeitsentwicklung gerecht wird.

Kindliche Sexualität
unterscheidet sich von erwachsener Sexualität

Die Sexualität von Kindern unterscheidet sich in weiten Teilen vom Sexualleben Erwachsener und unterliegt einem ständigen Veränderungsprozess. „Bei Kindern gibt es keine Trennung zwischen Zärtlichkeit, Sinnlichkeit und Sexualität. Kinder lieben in diesem Sinne ganzheitlich. Ihre Sexualität ist keinesfalls mit der der Erwachsenen gleichzusetzen, sondern in einem viel umfassenderen Sinn zu verstehen. Kinder leben ihre Sexualität egozentrisch, d. h. auf sich selbst bezogen. Sie ist gekennzeichnet durch Unbefangenheit, Spontaneität, Entdeckungslust und Neugierde." [5] Während Sexualität und Körperlichkeit für Kinder eine umfassende ganzheitliche Erfahrung dar-

---

5 Wandzek-Sielert, Christa: Kursbuch für Sexualerziehung. München 2004, S. 39

stellen, entwickelt sich im Aufwachsen bzw. Erwachsen-Werden eine Erwachsenen-Sexualität, die nicht nur positiv erweiternd, sondern durchaus auch als beschränkend erlebt wird. In der kindlichen Sexualität sind Lust- und Beziehungsaspekte, anders als bei Jugendlichen und Erwachsenen, weniger ausgeprägt, im Vordergrund steht der Identitätsaspekt: Das Kind erlebt Sexualität als Einheit von Körper, Gefühlen und Verstand und entwickelt so eine ganzheitliche Identität.[6]

> In der kindlichen Sexualität sind Lust- und Beziehungsaspekte weniger ausgeprägt, im Vordergrund steht der Identitätsaspekt: Das Kind erlebt Sexualität als Einheit von Körper, Gefühlen und Verstand und entwickelt so eine ganzheitliche Identität.

Bevor die Unterschiede zwischen kindlicher und erwachsener Sexualität genauer betrachtet werden, soll ein Vergleich mit einem anderen menschlichen Grundbedürfnis, dem Essen, das Verständnis erleichtern:

Die Ernährung Erwachsener ist für Säuglinge gänzlich ungeeignet, unverdaulich und gesundheitsschädlich. Auch Kleinkinder benötigen noch eine andere Konsistenz und Würze der Nahrung als Erwachsene. Selbst Schulkindern schmeckt noch nicht alles, was Erwachsene bevorzugen, insbesondere das Bedürfnis nach Genussmitteln wie Alkohol oder Koffein ist ihnen fremd und in hohem Maße schädlich. Zugleich genießen Säuglinge weitaus mehr orale Reize als Erwachsene, führen Finger und Spielzeug an den Mund. Hier ist nicht Sättigung das Motiv, sondern sie nutzen die oralen Erfahrungen, um sich die sie umgebende Welt anzueignen. Diese Reizerfahrungen haben Erwachsene längst aufgegeben.

Im Folgenden werden die wichtigsten Unterschiede von erwachsener und kindlicher Sexualität zusammengefasst.

---

6 vgl. Bundeszentrale für gesundheitliche Aufklärung (Hg.): Entdecken, schauen, fühlen! Handbuch für Erzieherinnen und Erzieher zur Kindergartenbox. Köln 2003, S. 10

Erwachsene Sexualität

- ▶ bezieht sich im Wesentlichen auf die Geschlechtsorgane, ist also überwiegend genitale Sexualität.
- ▶ Sie zielt zumeist auf körperliche Vereinigung und sexuell befriedigende Höhepunkte (Lustaspekt) und gegebenenfalls auf Fortpflanzung.
- ▶ Die meisten Erwachsenen leben ihre Sexualität mit ausgewählten Sexualpartnern (Beziehungsaspekt).
- ▶ Sie haben dabei die gesellschaftlichen und biologischen Folgen im Blick und
- ▶ orientieren sich an moralischen Regeln, die ihnen die Gesellschaft, die persönliche und/oder religiöse Überzeugung vorgeben.

Kindliche Sexualität hingegen

- ▶ ist umfassender und kennt vielfältigere Formen sinnlichen Erlebens. Sie stellt keine noch unreife Form erwachsener Sexualität dar.
- ▶ Je jünger Kinder sind, umso mehr erleben sie die Sinneswahrnehmungen ihres ganzen Körpers als lustvoll. Sie kennen bei ihren sexuellen Bedürfnissen noch keine Trennung zwischen Zärtlichkeit, Schmusen und genitaler Sexualität. Kinder erleben Sexualität ganzheitlich.
- ▶ Sie sind noch nicht auf genitale Sexualität festgelegt, beziehen aber genitale Erregung schon in den ersten Lebensmonaten in ihr Handeln mit ein.
- ▶ Sie äußern ihre Bedürfnisse spontan, unbefangen, voller Neugier – und verinnerlichen erst im Laufe ihrer Kindheit gesellschaftliche Sexualnormen und entwickeln Schamgrenzen.
- ▶ Ungefähr ab dem fünften Lebensjahr und verstärkt im Grundschulalter erleben Kinder bereits Gefühle von Verliebtheit für andere Kinder. Sie sind voller Bewunderung und suchen die Nähe und Zärtlichkeiten des geliebten Kindes. Diese Verliebtheit empfinden Mädchen für Mädchen, Jungen für Jungen und auch Mädchen und Jungen füreinander. Anders als bei Erwachsenen gipfeln die Zärtlichkeitsbedürfnisse jedoch nicht in Wünschen nach sexueller Vereinigung, sondern umfassen Verhaltensweisen wie inniges Ansehen, Berührungen, Kuscheln, an den Händen fassen und leichte Küsse.

▶ Manchmal gelten diese Gefühle von Verliebtsein auch einer erwachsenen Person aus ihrem sozialen Umfeld. Die Kinder schwärmen für diesen Menschen, finden seine Äußerungen und Fähigkeiten beeindruckend, imitieren diese und zeigen sich selbst mit ihren Talenten, um die Aufmerksamkeit und Zuneigung dieses Menschen zu gewinnen.

Sie wollen ihm körperlich nah sein, auf seinem Schoß sitzen, sein Gesicht streicheln. Sie bekommen leicht Herzklopfen und erröten in seiner Nähe. Sie können dabei sehr starke Gefühle erleben, aber es bleiben kindliche Gefühle, die keine Sehnsucht nach erwachsener Sexualität kennen.

▶ Kinder wollen keine erwachsene Sexualität praktizieren, diese aber durchaus mit anderen Kindern zusammen imitieren, d.h. über Geschlechtsverkehr informierte Kinder spielen mitunter solche Situationen.

> Kinder wollen keine erwachsene Sexualität praktizieren, diese aber durchaus mit anderen Kindern zusammen imitieren. Dazu veranlassen sie aber nicht Begehren und Lustgefühle, die denen Erwachsener vergleichbar sind, sondern spielerische Neugier.

Dazu veranlassen sie aber nicht Begehren und Lustgefühle, die denen Erwachsener vergleichbar sind, sondern spielerische Neugier, wie Geschlechtsverkehr wohl funktioniert. Es ist ein Ausprobieren von Erwachsenen-Rollen, das nicht von Authentizität geprägt ist, ebenso wie ein Kind vielleicht seine berufstätigen Eltern, die abends von der Arbeit erschöpft zurückkommen, spielerisch imitiert, ohne selbst diese Erschöpfung zu empfinden.

▶ Kinder haben keine festen „Sexualpartner", sondern richten ihr Interesse auf die Menschen, die mit ihnen leben und die ihnen nahe sind. Auch Verliebtsein führt nicht zu einer sexuellen Exklusivität, d.h. auch ein verliebtes Kind sucht sinnliches Erleben mit weiteren Menschen. Das können andere Kinder sein, aber auch Erwachsene, die mit ihnen kuscheln und schmusen.

Kindliche sexuelle Bedürfnisse und sexueller Missbrauch

Da sich Kinder mit ihrem Bedürfnis nach sinnlichem Erleben auch an Erwachsene richten, ist es unverzichtbar, dass Erwachsene dabei deutlich die Grenzen wahren und kindliche Bedürfnisse nicht für die eigene sexuelle Erregung funktionalisieren. Die Grenze zu sexuellem Missbrauch ist überschritten, wo nicht das Wohl des Kindes, sondern die sexuellen Bedürfnisse des Erwachsenen im Mittelpunkt stehen. Wenn körperlicher Kontakt zu einem Kind gesucht oder fortgesetzt wird, weil oder obwohl der Erwachsene dadurch sexuell erregt wird, handelt es sich eindeutig um sexuellen Missbrauch. Jeder weiß selbst am besten, ob das der Fall ist. Deshalb kann es keinen sexuellen Missbrauch aus Versehen geben. Die Einschätzung der eigenen Erregung kann nur der Erwachsene treffen. Sie dem Kind zu überlassen, hieße, die eigene Verantwortung auf das Kind abzuwälzen. Deshalb kann niemand sein Verhalten entschuldigen mit dem Hinweis, das Kind hätte es so gewollt. Vor allem wenn Kinder in Erwachsene verliebt sind, dürfen diese Gefühle nicht in sexuelles Verlangen im erwachsenen Sinne umgedeutet werden. Gerade weil Kinder die Folgen ihres Tuns oft nicht übersehen können, ist es die Aufgabe der Erwachsenen, sie vor schädlichen Folgen zu schützen: So wie der Wunsch eines fünfjährigen Kindes, eine der Zigaretten des Erziehers zu rauchen, aus Verantwortungsgefühl vom Erzieher zurückgewiesen wird, muss auch der Wunsch, auf dem Schoß des Erziehers zu schaukeln, zurückgewiesen werden, wenn der Erzieher dabei eine sexuelle Erregung verspürt. Grundsätzlich gilt, dass Erwachsene die volle Verantwortung für die Gestaltung des Körperkontakts übernehmen müssen. Sie sollten aber nicht umgekehrt auf Zärtlichkeiten mit Kindern verzichten, denn körperliche Nähe, Schmusen und Streicheln sind für die körperliche und seelische Entwicklung des Kindes unverzichtbar.

Welche sexuellen
Aktivitäten von Kindern fallen Erwachsenen auf?

Dass Mädchen und Jungen kuscheln und schmusen wollen, können alle Erwachsenen akzeptieren und mehr oder weniger fördern, indem sie diese kindlichen Bedürfnisse beantworten, von sich aus körperliche Nähe herstellen oder die Kinder mit Dritten gewähren lassen. Wo Kinder im Überschwang dabei die Grenzen anderer (Kinder) verletzen, also z.B. beim Umarmen so fest zudrücken, dass das umarmte Kind fast nicht mehr atmen kann, gelingt es Erwachsenen in der Regel problemlos, Kinder dazu anzuhalten, die Grenzen anderer zu achten. Vielen fällt dieser Umgang deshalb leicht, weil sie diese Aktivitäten nicht für Sexualität halten. Diese Einschätzung findet auf dem Hintergrund eines verengten Sexualitätsbegriffs statt, der genitale Sexualität mit Sexualität an sich gleichsetzt. Für die kindliche Sexualität ist diese Gleichsetzung aber unzutreffend, weil sie alle sinnlichen Körpererfahrungen umfasst.

Erfahrungsgemäß führen nur solche sexuellen Aktivitäten von Kindern zu Verunsicherungen bei Erwachsenen, die ihnen auffallen, weil sie ihnen als sexuell erscheinen. Nur diese Verhaltensweisen lösen Irritationen aus und werfen Fragen danach auf, was wohl normal für Kinder in welchem Alter ist. Diese sexuellen Aktivitäten stellen Erwachsene vor die Herausforderung, einen pädagogisch „richtigen" Umgang damit zu finden, der die sexuelle Entwicklung des Kindes fördert, Schamgefühle respektiert und sexuelle Übergriffe unter Kindern verhindert.

Deshalb soll im Folgenden der Blick auf solche sexuellen Aktivitäten gerichtet werden, die Erwachsenen auffallen und Verunsicherung auslösen.

Einige Beispiele:

▶ Der zweijährige Marco zieht beim Vorlesen in der Kita-Gruppe an seinem Penis.

- Mädchen und Jungen zeigen sich gegenseitig ihre Geschlechtsteile beim Toilettengang in der Kita.
- Die beiden vierjährigen Mädchen Seyran und Lily verstecken sich unter der Bettdecke und berühren sich gegenseitig an der Scheide[7].
- In einem Schülerladen legen sich die sechsjährige Vanessa und der gleichaltrige Kofi bekleidet aufeinander und bewegen sich lachend dabei.
- Die Zweitklässlerin Laura masturbiert selbstvergessen im Unterricht.
- Der dreijährige Romano steckt sich den Finger in sein Poloch.
- Die beiden zehnjährigen Mädchen Elena und Marie zeigen sich gegenseitig ihre sich entwickelnde Brust, berühren sich und saugen daran, um festzustellen, ob Milch herauskommt.
- Die vierjährige „Ärztin" Anna bandagiert ihrem gleichaltrigen „Patienten" Hassan den Penis.
- Die vierjährige Madeleine reibt sich an der Lehne des Sessels beim Fernsehen.

Die Beispiele beschreiben sog. autoerotische, also auf sich selbst bezogene sexuelle Aktivitäten, und so genannte soziosexuelle Aktivitäten, also solche, die sich auf andere richten. Selbstbezogene Aktivitäten beginnen im frühesten Säuglingsalter. Schon Neugeborene berühren sich im Genitalbereich und erleben dabei angenehme Gefühle. Vom Ende des zweiten Lebensjahres an berühren sich Mädchen und Jungen auch gezielt im Sinne von Masturbation zur Erregung im Genitalbereich und können dabei gelegentlich Orgasmen erleben.[8] Selbsterkundungen des Körpers und Masturbation finden in der gesamten Kindheit statt und dienen dem Ausprobieren und Kennenlernen des eigenen Körpers. Sexuelle Handlungen mit anderen Kindern, so genannte Doktorspiele, interessieren Kinder etwa ab drei Jahren. Sie erkunden so die Geschlechtsunterschiede, die sie in ihrer Umwelt zunehmend wahrnehmen,

---

7 Fachlich betrachtet ist Vulva der korrekte Begriff für die äußeren weiblichen Genitalien. In Kitas und Schulen wird aber ausschließlich der Begriff Scheide benutzt und wir wollen an dieser Stelle nicht zur Verwirrung beitragen.
8 vgl. Schuhrke, Bettina: Sexuelle Entwicklung im Kindes- und Jugendalter: Normalität und Störung. In: Körner, Wilhelm/Lenz, Albert (Hg.): Sexueller Missbrauch, Band 1: Grundlagen und Konzepte. Göttingen 2004

vergewissern sich dieses Wissens in ihrer eigenen Lebenswelt und begreifen zunehmend das eigene biologische Geschlecht. Nach dem fünften Lebensjahr, wenn diese Aneignungsprozesse weitgehend stattgefunden haben, lässt das Interesse an solchen Doktorspielen etwas nach, verschwindet aber nicht ganz.

> Während zu einer bestimmten Zeit Sexualität für ein Kind eine große Rolle spielt, lässt dies zu anderen Zeiten stark nach, etwa wenn andere Lebensbereiche an Bedeutung gewinnen und die Sexualität in den Hintergrund drängen.

Das Bedürfnis nach sexuellen Aktivitäten ist bei Kindern sehr unterschiedlich ausgeprägt, wie andere Bedürfnisse auch. So sind Kinder beim Bedürfnis Essen hinsichtlich Appetit und Geschmack sehr verschieden, wobei Vorlieben und Appetit beim einzelnen Kind in den verschiedenen Lebensphasen wiederum variieren. Genauso zeigen auch bei sexuellen Aktivitäten nicht alle Kinder das gleiche Interesse und bevorzugen nicht alle die gleichen sexuellen Aktivitäten. Jedes Kind erlebt unterschiedliche Phasen seines sexuellen Interesses in Abhängigkeit von seiner individuellen Entwicklung. Während zu einer bestimmten Zeit Sexualität für ein Kind eine große Rolle spielt, lässt dies zu anderen Zeiten stark nach, etwa wenn andere Lebensbereiche an Bedeutung gewinnen und die Sexualität in den Hintergrund drängen.

Zeigt ein Kind zu keinem Zeitpunkt Interesse, seinen Körper oder den anderer Kinder zu erkunden, bedeutet dies allerdings nicht, dass es eben anders ist, wie manche Eltern behaupten („Meine ist da ganz anders, die braucht so was gar nicht!" Der erleichterte Unterton weist in eine andere Richtung.): Es lässt vielmehr vermuten, dass das Kind bereits erfasst hat, dass sein Verhalten unerwünscht ist, und sich an die ausgesprochenen oder unausgesprochenen Verbote bereits angepasst und gelernt hat, seine sexuelle Neugier völlig unbeobachtet zu stillen. Ist jedoch ein Kind für einen langen Zeitraum ausschließlich an sexuellen Aktivitäten mit anderen Kindern interessiert, verfolgt es dieses Interesse wie unter Zwang und verweigert andere soziale Kontakte und Spiele mit Kindern, könnte das möglicherweise ein Hinweis auf sexualisierte Gewalterfahrungen sein. Denn Kinder, die Opfer von sexuellem Missbrauch sind, lernen oftmals, dass nur ihr Körper und ihre Sexualität zählen, und führen diese Erfahrung im Kontakt mit anderen Kindern fort.

Gerade die sexuellen Lernprozesse in den ersten Lebensjahren und die kindliche sexuelle Neugier führen meist zu einer größeren sexuellen Aktivität bei Kindern vor dem Schulalter. Von einer Latenzphase im Freudschen Sinne, zwischen dem siebten Lebensjahr und der Pubertät, sollte jedoch nicht gesprochen werden.[9] Denn dass Kinder sich in diesem Alter sexuell weniger aktiv zeigen bzw. unbeobachtete Situationen bevorzugen, hat seinen Grund vermutlich im Erlernen und Verinnerlichen von Schamgrenzen, aber auch in erlebten Sanktionierungen von geäußerter Sexualität im Grundschulalter.

Welcher pädagogische Umgang mit sexuellen Aktivitäten von Kindern ist sinnvoll?

Die sexuelle Entwicklung von Mädchen und Jungen hängt vor allem von den Haltungen ab, die die erziehenden Erwachsenen zur Sexualität haben und den Kindern vermitteln.[10] Erwachsene vermitteln diese Haltungen nicht nur durch die Art und die Inhalte der konkreten Sexualerziehung, sondern auch dadurch, wie sie tatsächlich mit sexuellen Aktivitäten unter Kindern umgehen. Während die meisten PädagogInnen es für wünschenswert halten und dem theoretisch zustimmen, dass Kinder durch Sexualerziehung erfahren, wie wichtig Zärtlichkeit, Vertrauen, gegenseitige Achtung und dergleichen mehr sind, haben sie oft größte Probleme, wenn Kinder ihre Bedürfnisse auch tatsächlich zeigen.[11] Kinder erleben sehr unterschiedliche Reaktionen auf ihre sexuellen Aktivitäten. Während die eine Erzieherin das Gefühl hat, dass Doktorspiele der sexuellen Entwicklung grundsätzlich gut tun, und sie deshalb die Kinder gewähren lässt, stehen bei einer anderen

---

9 *Interessanterweise scheint aber die Fachliteratur zur sexuellen Entwicklung von Kindern noch immer von dieser Latenzphase auszugehen, fehlen doch weitgehend Hinweise auf sexuelle Aktivitäten vom Grundschulalter bis zur Pubertät. Hier klafft eine Forschungslücke, denn aus vielfältigen Gesprächen mit GrundschullehrerInnen haben wir den Eindruck gewonnen, dass Kinder dieses Alters durchaus sexuelles Interesse zeigen bzw. verstecken.*
10 *vgl. Fried, Lilian: Sexualität im Kindergarten – immer noch ein Tabu? In: www.familienhandbuch.de*
11 *vgl. Fried, aaO*

Kollegin vielleicht Gefühle von Peinlichkeit im Vordergrund, die sie dazu veranlassen, die Kinder durch andere pädagogische Angebote von den sexuellen Aktivitäten abzulenken. Während eine Lehrerin eine selbstvergessen masturbierende Schülerin zur Ordnung ruft und sie damit vor der Klasse bloßstellt, hofft ihr Kollege vielleicht, dass sich das Verhalten von allein gibt, wenn man es einfach übersieht. Die Kinder erhalten häufig unausgesprochene, zum Teil sich widersprechende Botschaften, spüren mehr, als dass sie es konkret gesagt bekommen, ob ihr Verhalten unerwünscht, in Ordnung, peinlich, unanständig oder akzeptiert ist. Eindeutige, verlässliche und einheitliche Reaktionen sind in der Praxis die Ausnahme.

Der Umgang mit sexuellen Aktivitäten findet in Schulen und Kitas meist „intuitiv" statt. Lehrkräfte und ErzieherInnen lassen sich dabei häufig von ihrem Gefühl leiten, das aus ihrer persönlichen Einstellung zur kindlichen Sexualität hervorgeht, und können sich dabei nur in Ausnahmefällen auf gemeinsame konzeptionelle Überlegungen des Teams oder des Kollegiums stützen.

Diese konzeptionelle Leerstelle beruht vor allem darauf, dass Sexualität, und damit auch kindliche Sexualität, als heikles oder sogar peinliches Thema gilt, das nur schwer kommunizierbar ist. Über Sexualität reden bedeutet immer auch, Einblicke in die persönliche Haltung zu Sexualität zu geben. Da die pädagogischen Ausbildungsgänge die Bedeutung der sexuellen Entwicklung von Kindern nur am Rande thematisieren, sieht sich die einzelne Pädagogin oder der einzelne Pädagoge nur selten veranlasst, sich mit ihrer eigenen Haltung auseinander zu setzen, sie zu reflektieren oder gar biografisch zu ergründen.

Und so bleibt der Umgang mit kindlicher Sexualität oft von unbewussten Haltungen bestimmt, die fachlich nur schwer zu begründen sind. Selbst da, wo der pädagogische Umgang im Ergebnis fachlich nicht zu beanstanden ist, fällt es pädagogischen Fachkräften meist schwer, ihre Haltung in Elterngesprächen oder im Team überzeugend zu erklären. Die fehlende fachliche und persönliche Auseinandersetzung mit dem Thema führt bei Kritik oder Nachfragen zu Gefühlen von Verunsicherung und Inkompetenz.

Ein adäquater, fachlicher Umgang mit sexuellen Aktivitäten von Kindern erfordert deshalb eine bewusste Haltung der PädagogInnen zur kindlichen Sexualität. Diese Haltung muss zum einen in einem persönlichen Prozess der Reflexion der eigenen Haltung und zum anderen in einer gemeinsamen Auseinandersetzung im Team oder Kollegium erarbeitet werden und sollte in einem sexualpädagogischen Konzept ihren Ausdruck finden (vgl. hierzu das Kapitel „Das sexualpädagogische Konzept").

Selbst da, wo der pädagogische Umgang im Ergebnis fachlich nicht zu beanstanden ist, fällt es pädagogischen Fachkräften meist schwer, ihre Haltung in Elterngesprächen oder im Team überzeugend zu erklären.

Der kollegiale Austausch über sexualpädagogische Themen sollte in einer Atmosphäre erfolgen, die geprägt ist von Offenheit, Authentizität und Respekt vor anderen Haltungen. Dazu ist eine Auseinandersetzung mit der eigenen sexuellen Biografie hilfreich, da diese nicht zuletzt die persönliche Einstellung der Erzieherin oder des Erziehers zur kindlichen Sexualität beeinflusst. Dieser Prozess der persönlichen Reflexion könnte folgende Themen umfassen:

- ▶ Die eigene Sexualerziehung,
- ▶ Werte, die in der eigenen Sexualerziehung (ausgesprochen oder unausgesprochen) vermittelt wurden,
- ▶ der familiäre Umgang mit kindlicher und erwachsener Sexualität, mit Nacktheit und Schamgrenzen,
- ▶ die Erfahrung von Einschränkungen, Verboten und Strafen,
- ▶ prägende Erlebnisse (z.B. Erfahrungen sexueller Gewalt) und ihre Bedeutung für die eigene Sexualität,
- ▶ die eigene sexuelle Orientierung und Zufriedenheit,
- ▶ eigene Schamgrenzen.

Die Auseinandersetzung mit der eigenen Haltung zu Sexualität macht es möglich, auch im Team oder Kollegium über Sexualität zu sprechen, Einschätzungen auszutauschen und zu begründen. Dieser Prozess des kollegialen Austauschs kann auch durch externe Fachkräfte begleitet werden oder unter Supervision stattfinden. Dies hat den Vorteil, dass eine externe Fachkraft gegebenenfalls „witzelnden", sexualisierten oder anderweitig grenzverletzenden Äußerungen, wie sie mitunter von einzelnen, wenig problembewussten KollegInnen gemacht werden, Einhalt gebieten kann. Wichtig ist, dass die gemeinsame Auseinandersetzung in einer Atmosphäre stattfindet, die Bewertungen oder abwertende Äußerungen über die persönlichen Haltung Einzelner verbietet, denn sonst besteht die Gefahr, dass sich einzelne KollegInnen aus Gründen des Selbstschutzes zurückhalten, ihre tatsächliche Einstellung nicht äußern und sich schließlich im angestrebten Konsens über den Umgang mit sexuellen Aktivitäten nicht wiederfinden. Dies muss unbedingt verhindert werden, weil ein Konzept zum Umgang mit sexuellen Aktivitäten davon lebt, dass es von allen getragen und umgesetzt wird. Das Ziel ist es, dass es nicht dem Zufall überlassen bleibt, welche Reaktionen von PädagogInnen Kinder bei ihren sexuellen Aktivitäten erfahren.

Neben dem Kennenlernen der persönlichen Einstellungen ist aber auch das Erarbeiten eines gemeinsamen Wissensstands über kindliche Sexualität und die sexuelle Entwicklung von Kindern, über sexuelle Aktivitäten, aber auch über die Unterscheidungsmerkmale von sexuellen Übergriffen unter Kindern notwendig. Denn Fachwissen beeinflusst und verändert auch die persönlichen Haltungen. Dies kann durch Fachliteratur und Fortbildungen geschehen. Je weiter die persönlichen Haltungen auseinander liegen, um so wichtiger ist es, dass sich die einzelnen KollegInnen bewusst machen, dass es um einen professionellen Konsens geht, dass also letztlich Fachlichkeit Vorrang vor der individuelle Haltung hat. Erfahrungsgemäß führt aber der Austausch

> Der fachliche Umgang mit sexuellen Aktivitäten sollte anhand der beobachteten sexuellen Aktivitäten erarbeitet werden. Hier ist besonders auf Trennschärfe zu achten: Der Umgang mit sexuellen Übergriffen muss ein anderer sein als derjenige mit sexuellen Aktivitäten.

und die intensive Beschäftigung mit dem Thema Kindliche Sexualität dazu, dass sich die persönlichen Haltungen annähern.

Der fachliche Umgang mit sexuellen Aktivitäten sollte anhand der in der Einrichtung beobachteten sexuellen Aktivitäten erarbeitet werden. Ein entsprechender Erfahrungsaustausch macht die Bandbreite der Situationen deutlich und ist zugleich auch ein Informationsaustausch, denn oft handelt es sich um individuelle Beobachtungen, die den anderen KollegInnen bislang nicht mitgeteilt wurden. Dabei werden häufig auch Situationen beschrieben werden, die sexuelle Übergriffe unter Kindern einschließen. Hier ist besonders auf Trennschärfe zu achten, um sich bewusst zu machen, dass der Umgang mit sexuellen Übergriffen ein anderer sein muss als derjenige mit sexuellen Aktivitäten. (Vgl. dazu das Kapitel „Fachlicher Umgang mit sexuellen Übergriffen unter Kindern")

Im Team oder Kollegium sollte dann anhand der genannten Situationen entschieden werden, welche sexuellen Aktivitäten unter Kindern unter welchen Bedingungen und mit welchen pädagogischen Einschränkungen in der Einrichtung stattfinden können und welche nicht. Dabei sollte das Schwergewicht der Begründung auf den Einschränkungen und Verboten liegen und nicht etwa auf dem Erlaubten. Denn die Berechtigung von sexuellen Aktivitäten von Kindern ergibt sich schon aus ihrer Bedeutung für die Persönlichkeitsentwicklung und bedarf keiner Begründung.

Das Ergebnis eines solchen Teamprozesses kann sehr unterschiedlich sein und wird oft auch vom pädagogisch-weltanschaulichen Profil einer Einrichtung abhängen. Der Prozess sollte sich jedoch an folgenden Leitgedanken orientieren:

Kindliche Sexualität und (Scham-)Erziehung gehören zusammen

Manche PädagogInnen fragen sich, ob sie in den sexuellen Bereich überhaupt erzieherisch eingreifen sollen, ob sich nicht alles von allein und ganz natürlich entwickelt. Sie befürchten, die sexuelle Entwicklung der Kinder zu behindern oder belastende Schamgefühle bei ihnen hervorzurufen. Diese Bedenken spiegeln eine Verunsicherung wider, die von der sexuellen Liberalisierung der siebziger Jahre herrührt. In dem Bemühen, die Entfaltung der kindlichen Sexualität zu fördern und sie von gesellschaftlichen und damit auch pädagogischen Zwängen zu befreien, wurde mitunter jegliches erzieherische Einwirken auf sexuelles Verhalten von Kindern abgelehnt.[12] Die positive Funktion von Scham als „Hüterin der Privatsphäre"[13] wurde übersehen, die Bedeutung von Selbstscham zum Schutz vor Verletzungen verkannt. Wenn man auch nicht mit Sicherheit sagen kann, ob Scham angeboren ist oder nicht, so lässt sich zumindest feststellen, dass sie kulturell geprägt wird.[14] Auch hier ist ein Vergleich mit dem Thema Essen hilfreich: Essensmanieren sehen kulturell bedingt sehr unterschiedlich aus, entstehen aber erst durch Erziehung und Lernen am Vorbild. Gäbe man Kindern kein Besteck in die Hand und zeigte ihnen nicht den Umgang damit oder würde man sie nicht zu bestimmten Manieren anhalten und diese Manieren selbst praktizieren, bliebe ihr Essensverhalten urwüchsig. Folglich muss Erziehung, die ja die Aufgabe hat, Kindern kulturelle Werte und Normen zu vermitteln, auch die Bedeutung von Scham miteinbeziehen. Sie darf sich nicht der Aufgabe entziehen, auch in diesem Bereich Orientierung zu geben. Dabei geht es jedoch nicht nur um Scham im Sinne von Selbstschutz, sondern immer auch darum, Kindern zu vermitteln, dass sie die Schamgrenzen anderer respektieren müssen.

Da in Kitas und Schulen Kinder unterschiedlicher kultureller Herkunft zusammenkommen, sind unterschiedliche kulturelle Schamvorstellungen zu berücksichtigen. Zwar muss sich eine Einrichtung nicht an den besonders hohen Anforderungen an Scham einzelner Familien orientieren. Sie sollte aber Respekt vor den Unterschieden dadurch zeigen, dass Bewertungen in richtig

---

12 Eine ähnliche, aber auf andere Ursachen zurückzuführende Verunsicherung ist bei manchen PädagogInnen aus den neuen Bundesländern zu beobachten. Sie vermuten, dass es zur Anpassungsleistung gehört, die von ihnen seit der Wende erwartet wird: Sich nicht nur vom autoritären Erziehungsstil zu verabschieden, sondern möglichst „locker", also vollständig eingriffsfrei mit kindlicher Sexualität umzugehen.
13 Schuhrke, Bettina: Kindliche Körperscham und familiale Schamregeln. Ausgewählte Ergebnisse einer Interviewstudie. In: BzgA Forum 2/1998, S. 9
14 vgl. Schuhrke aaO

oder falsch unterbleiben. Es sollte eine Atmosphäre geschaffen werden, in der Kinder ihre nicht nur kulturell, sondern auch persönlich bedingten Schamgrenzen wahren können.

So sollte es beispielsweise dem einzelnen Kind überlassen sein, ob es nackt oder im Badeanzug planschen, ob es die Toilettentür schließen will oder nicht. Dabei muss ein besonderer Augenmerk darauf gerichtet werden, dass Kinder diese Entscheidung tatsächlich selbst treffen dürfen und sich nicht einem Gruppendruck anpassen müssen. Wer nackt planschen will, darf von anderen Kindern, die engere Schamgrenzen haben, nicht ausgelacht und so zum Anziehen gezwungen werden. Umgekehrt muss dafür gesorgt werden, dass ein Kind, das lieber alleine auf dem Klo ist, sein Verhalten nicht rechtfertigen muss.

Welche Anforderungen an Kinder beim Erlernen von Schamgrenzen gestellt werden können, hängt auch vom Alter der Kinder ab. Wie bei anderen Verhaltensweisen von Kindern auch, kann mit zunehmendem Alter mehr erwartet werden.

Das Alter eines Kindes ist beim Erlernen von Schamgefühl ähnlich ausschlaggebend wie beim Erlernen von Essmanieren: Während man von einem zweijährigen Kind keinen geschickten Umgang mit Messer und Gabel verlangen kann, von einem achtjährigen aber doch, kann man umgekehrt schlecht ein zweijähriges Kind davon abbringen (außer durch schwere Strafen), beim Planschen seine Genitalien zu berühren. Man kann aber durchaus ein achtjähriges Kind dazu veranlassen, dass es in der Öffentlichkeit die Hand aus der Hose nimmt.

Einschränkung darf nicht zu Tabuisierung oder Abwertung führen

Wenn man bestimmte sexuelle Aktivitäten von Kindern in einer Einrichtung als unpassend oder störend empfindet, sollte man sie nicht generell verbieten oder gar bestrafen. (Anders sieht es jedoch bei sexuellen Übergriffen unter Kindern aus. Das Kapitel „Fachlicher Umgang mit sexuellen Übergriffen unter Kindern" enthält eine ausführliche Darstellung.)

Je aufgeregter die Reaktion der PädagogInnen auf die sexuelle Aktivität ist, umso verunsichernder ist die Situation für das Kind. Es muss alles vermieden werden, was die Botschaft enthält, Sexualität sei schlecht. Deshalb ist es sinnvoll, dem Kind oder den Kindern zu vermitteln, dass man z.B. das Masturbieren am Mittagstisch unpassend findet, dass man aber nichts dagegen hat, wenn sich das Kind später unbeobachtet, in der Kuschelecke oder in seinem Zimmer, so berührt. Oder dass Doktorspiele spannend sind, dass man sich aber wünscht, dass sie nicht vor aller Augen stattfinden. Oder dass das Schulklo nicht der richtige Ort für Selbstbefriedigung ist, durchaus aber das eigene Zimmer.

> Je aufgeregter die Reaktion der PädagogInnen auf die sexuelle Aktivität ist, umso verunsichernder ist die Situation für das Kind. Es muss alles vermieden werden, was die Botschaft enthält, Sexualität sei schlecht.

Folgende Formulierungsvorschläge, die Schamgefühle ansprechen und dabei Sexualität positiv besetzen, sind denkbar: „ Ich möchte nicht dabei zusehen, mir ist es ein bisschen peinlich, aber es ist trotzdem in Ordnung, weil es für Euch schön ist." Oder: „Es ist so ähnlich wie pupen und popeln : Es macht Spaß, aber es wollen nicht alle sehen." Oder: „Diese schönen Gefühle gehören nur dir, deswegen ist es besser, wenn du das allein, z.B. in deinem Zimmer machst."

Problematisch ist es, Kinder von sexuellen Aktivitäten unter Vorwänden abzulenken, denn sie spüren meist, dass es nur Vorwände sind, und sind verunsichert, ob ihr Verhalten unerwünscht ist oder nicht. Ihnen fehlt der deutliche Hinweis, dass der Ort oder der Zeitpunkt schlecht gewählt sind, dass es aber geeignete Momente und Orte gibt.

Kinder dürfen keinesfalls erleben, dass PädagogInnen sie mit ihren sexuellen Aktivitäten der Lächerlichkeit preisgeben. Werden sie für ihr Verhalten gehänselt oder werden sie bloßgestellt, entstehen negative Schamgefühle auf der Grundlage von Demütigung. Solche Erfahrungen schwächen Kinder in ihrem sexuellen Selbstbewusstsein, verletzen ihre Schamgrenzen und bergen die

© verlag mebes & noack

Gefahr, dass dieser Umgang mit Sexualität verinnerlicht und nachgeahmt wird. Wenn Kinder von anderen Kindern wegen ihrer sexuellen Verhaltensweisen geärgert oder verlacht werden, wenn sie Abwertungen ihrer sexuellen Bedürfnisse durch andere Kinder erleben („Die fasst immer ihre Muschi an, das ist so eklig!"), müssen sich PädagogInnen unbedingt vor das betroffene Kind stellen und die Abwertung entkräften. Kinder, die sich über die Sexualität anderer lustig machen, brauchen den deutlichen Hinweis, dass einerseits solches Verhalten gegenüber anderen nicht toleriert wird, dass aber andererseits ihre eigenen so zum Ausdruck gebrachten Schamgrenzen respektiert werden, indem das sexuell aktive Kind auf intimere Situationen verwiesen wird.

Der einschränkende, aber nicht verbietende Umgang mit sexuellen Aktivitäten von und unter Kindern in Kindereinrichtungen und Schulen dient der Förderung der sexuellen Entwicklung von Kindern. Wenn kindliche Sexualität tabuisiert und mit generellen Verboten belegt wird, wenn Kinder spüren, dass sexuelle Aktivitäten unerwünscht oder schlecht sind, wenn sie gar dafür bestraft werden, kann das verschiedene Folgen haben:

▸ Wo sich Kinder an das Verbot halten, fehlen ihnen wichtige Erfahrungen, ein Stück Lebensqualität. Der Zugang zu ihrer Sinnlichkeit, ihrer Liebes- und Beziehungsfähigkeit wird ihnen erschwert. Die Entwicklung der sexuellen Identität als Teilaspekt der Persönlichkeit wird gehemmt.

▸ Der Zugang zu einer befriedigenden erwachsenen Sexualität gestaltet sich für Heranwachsende schwieriger, wenn sie ihren Körper und ihre sexuellen Bedürfnisse bis zu diesem Zeitpunkt nicht erleben konnten.

▸ Werden sexuelle Aktivitäten bestraft oder mit Strafe bedroht, entsteht eine Verknüpfung von sexueller Erregung und Angst vor Strafe, welche die Kindheit überdauern und zu sexuellen Störungen führen kann.[15]

▸ Die meisten Kinder sind trotz Verbot sexuell aktiv, bekommen aber Schuldgefühle, d.h. die Sexualität ist von Anfang an belastet.

▸ Das generelle Verbieten von sexuellen Aktivitäten ist auch aus Gründen des Kinderschutzes nicht wünschenswert: Denn Kinder können sich dann Erwachsenen nicht anvertrauen, wenn sie im Rahmen ihrer sexuel-

---

15 *Weymann-Reichardt, Beate: Doktorspiele bei Kleinkindern – ein Problem? In: www.familienhandbuch.de*

len Aktivitäten sexuelle Übergriffe erleiden! Sie erfahren sexuelle Gewalt, haben aber das Gefühl, selbst Schuld zu sein, weil sie das Verbot übertreten haben.

Gleicher Umgang mit sexuellen Aktivitäten von Mädchen und Jungen

Es ist darauf zu achten, dass auf vergleichbare sexuelle Aktivitäten von Mädchen und Jungen auch ähnlich reagiert wird. Die Erfahrung zeigt, dass sexuelle Aktivitäten von Mädchen oft schneller als störend oder unangenehm empfunden werden und dass entsprechend schneller Grenzen gesetzt werden. Die persönliche Schamgrenze der meisten PädagogInnen ist eher überschritten, wenn z.B. ein Mädchen ihre Scheide zeigt, als wenn ein Junge seinen Penis zeigt. Die persönlichen Schamgrenzen der ErzieherInnen sind hier offenbar durch die gesellschaftlich vorherrschenden Bilder von männlicher und weiblicher Sexualität beeinflusst: Noch immer werden Männern mehr sexuelle Bedürfnisse und mehr sexuelle Aktivität zugeschrieben. Frauen werden als passiver und weniger an Sexualität interessiert angesehen.

Dass kleine Mädchen sexuell genauso aktiv sind wie Jungen, zeigt aber, dass die Natur zunächst keinen Unterschied macht. Durch eine restriktivere Sexualerziehung der Mädchen haben diese jedoch weniger Chancen auf eine positive sexuelle Entwicklung und passen schließlich in das vorherrschende Bild. Dieser gesellschaftliche Hintergrund verlangt von PädagogInnen eine bewusste Auseinandersetzung damit und in der Folge ein aktives Hinterfragen der eigenen Reaktionen: „Wäre mir ein ähnliches Verhalten von Jungen ebenso unangenehm?" Erst wenn man sich darüber bewusst wird, dass man „instinktiv" unterschiedlich reagiert, kann sich das eigene Verhalten und Reagieren verändern.

Wenn in einer Studie zu Schamgefühlen von Kindern die Feststellung getroffen wird, dass Eltern Mädchen für das schamvollere Geschlecht halten,[16]

---

16 Schuhrke aaO, S. 11

besagt das jedoch nicht, dass es hier einen biologischen Unterschied gibt. Vielmehr ist davon auszugehen, dass diese Verschiedenheit sozialisationsbedingt ist. Denn die befragten Eltern glauben, dass Mädchen mehr als Jungen Scham zu ihrem Selbstschutz benötigen. Dies lässt vermuten, dass die Schamerziehung bei Jungen und Mädchen unterschiedlich praktiziert wird. Der Impuls, bei Mädchen anders als bei Jungen zu reagieren, entsteht auch bei PädagogInnen oft aus dem Bedürfnis, Mädchen in ihrer Intimität stärker zu schützen. Dieses Schutzbedürfnis ergibt sich aus dem Wissen und der Erfahrung, dass Frauen und Mädchen in unserer Gesellschaft häufig auf ihren Körper reduziert und der weibliche Körper vor allem in den Medien als Objekt benutzt wird. Hinzu kommt das Wissen, dass Mädchen häufiger sexuelle Gewalt erleben als Jungen.

> Der Impuls, bei Mädchen anders als bei Jungen zu reagieren, entsteht auch bei PädagogInnen oft aus dem Bedürfnis, Mädchen in ihrer Intimität stärker zu schützen. Die Einschränkung ihrer sexuellen Entwicklung ist jedoch der falsche Weg.

Dennoch sollten Mädchen nicht stärker eingeschränkt werden. Um Mädchen vor sexuellen Gewalterfahrungen zu schützen, ist die Einschränkung ihrer sexuellen Entwicklung der falsche Weg. In der Gruppensituation sollte eher darauf geachtet werden, dass Mädchen nicht bereits hier die Erfahrung der Funktionalisierung ihres Körpers und ihrer Sexualität machen. Dies gelingt am besten, indem PädagogInnen eine hohe Sensibilität für sexuell übergriffige Situationen und eine professionelle Umgangsweise damit entwickeln.

Kinder profitieren davon, wenn PädagogInnen ihre Grenzen zeigen

Da Kinder sich mit ihren sexuellen Aktivitäten nicht nur an andere Mädchen und Jungen, sondern auch an Erwachsene und damit auch an PädagogInnen richten, ist es überaus wichtig, dabei die eigenen Gefühle nicht zu übergehen und die Annäherungen nicht einfach nur zu dulden!

Wenn sich z.B. ein Junge an die Brust der Erzieherin drückt, diese die Berührung aber als unangenehm empfindet, sollte sie dies nicht zulassen. Ebenso sollte eine Lehrerin, der die morgendlichen Begrüßungsküsse einer Erstklässlerin zuviel Intimität bedeuten, diese freundlich, aber klar zurückweisen. Zum einen spüren Kinder, wenn Erwachsene gegen ihre Gefühle handeln, wenn eine erzwungene Lockerheit praktiziert wird. Das kann sie verunsichern, weil sie zwei sich widersprechende Botschaften erhalten: „Du darfst mich anfassen" und „Fass mich nicht an", bzw. „Das ist in Ordnung" und „Das will ich nicht". Zum anderen haben Kinder die Chance, am Vorbild der PädagogInnen zu lernen, dass man auch körperliche Grenzen setzen darf und nicht anderen zuliebe zulassen muss, dass solche Grenzen überschritten werden – ein grundlegender Aspekt von Prävention von sexueller Gewalt!

Die sexuelle Entwicklung von Mädchen und Jungen beschränkt sich nicht auf die in den unterschiedlichen Lebensphasen zum Ausdruck gebrachten sexuellen Verhaltensweisen, sondern umfasst auch den Wissenserwerb über Sexualität. Dabei schöpfen die Kinder zum einen aus sich selbst, indem sie neugierig ihren Körper und seine Empfindungen erforschen und Erfahrungen mit Berührungen von und durch andere Kinder und Erwachsene sammeln. Zum anderen gilt ihre Neugier auch der Aneignung von sexuellem Wissen über die unmittelbare körperliche Erfahrung hinaus. Diese Aneignungstätigkeit des Kindes ist als Bildung im Sinne von Selbst-Bildung zu verstehen.[17] Die kindliche sexuelle Entwicklung zu begleiten und zu fördern, bedeutet deshalb nicht nur, mit Kindern Zärtlichkeit und Körperlichkeit zu leben und einen bewussten Umgang mit ihren sexuellen Aktivitäten zu entwickeln, sondern Sexualerziehung auch aktiv zu gestalten. Sexualerziehung unterstützt die Kinder darin, sich die sexuelle Welt anzueignen. Sie beantwortet die Fragen der Kinder, aber sie bietet auch von sich aus sexualpädagogische Themen an.

Ist die Kita der richtige Ort für Sexualerziehung?

Sexualerziehung hat in den Erziehungsinstitutionen einen sehr unterschiedlichen Stellenwert. In den Kitas führt die Sexualerziehung häufig ein Schattendasein, findet eher zufällig statt, abhängig davon, ob die ErzieherInnen ihr eine Bedeutung zumessen und sich diese Aufgabe zutrauen. Dies darf nicht verwundern, spielt Sexualpädagogik doch in den meisten pädagogischen Ausbildungsgängen eine untergeordnete Rolle und findet zuweilen gar nicht statt. Sexualpädagogische Konzepte in Kindereinrichtungen sind die Ausnahme. Die Zurückhaltung von ErzieherInnen äußert sich in Sätzen wie „Die fragen schon, wenn sie etwas wissen wollen," oder „Wir antworten nur auf die Fragen der Kinder, um sie nicht zu überfordern". Abgesehen

---

17 Zur Differenzierung zwischen Bildung und Erziehung vgl. Laewen, Hans-Joachim/Andres, Beate (Hg.): Bildung und Erziehung in der frühen Kindheit. Bausteine zum Bildungsauftrag von Kindereinrichtungen. Weinheim 2002

davon, dass es Kinder gibt, die frühzeitig gelernt haben, dass sie nach sexuellen Dingen besser nicht fragen, steht diese Haltung im Widerspruch zur sonst üblichen, Lebenskompetenz fördernden Erziehungshaltung: In anderen Lebensbereichen, die sich die Kinder aneignen, wie z.B. Natur, Sozialverhalten, Sprache etc. erhalten sie vielfältige Anregungen und Informationen – auch wenn sie gar nicht danach gefragt haben. Und für Informationen aus diesen Bereichen wie aus der Sexualerziehung auch gilt, dass Kinder sie in ihr Wissen integrieren oder sie eben überhören, falls sie damit noch nichts anzufangen wissen.

Wenn PädagogInnen diese Herausforderung nicht annehmen und auf aktive Sexualerziehung verzichten, bedeutet das jedoch nicht, dass die Kinder ahnungslos bleiben. Es bedeutet vielmehr, dass die Kinder darauf angewiesen sind, sich ihr Wissen anderenorts zu erwerben, nämlich in der Alltagswelt der Werbung und der Medien, und dass sie für dieses Wissen dann sehr empfänglich sind. Die hier dominierenden stereotypen Darstellungen von Sexualität können die Kinder weniger leicht überhören, wenn sie sich dadurch überfordert fühlen, denn diese Botschaften sind lautstark und aggressiv und wirken in einer Flut von Bildern auf sie ein.

Lässt man die Kinder mit diesen medialen Botschaften allein, lernen sie u.a., dass nur Genitalität Sexualität ist, dass Sexualität eine Ware ist, dass Leistung und Erfolg Maßstab für gelungene Sexualität sind, dass Verfügbarkeit das Attribut weiblicher Sexualität, Aggression und Überwältigung Attribute männlicher Sexualität sind und dergleichen mehr. Kinder, die sich so die Welt des Sexuellen aneignen (müssen), haben es schwer, einen positiven Zugang zu Sexualität als Lebensenergie, als Quelle von Lebensfreude und Selbstbewusstsein, als sinnliche Erfahrung in Beziehungen zu bekommen.

Auch aus präventiven Gründen sollte Sexualerziehung in der Kita stattfinden, denn Täter von sexuellem Missbrauch wählen häufig Kinder als Opfer, die über

Sexualität unzureichend oder falsch informiert sind. Kinder aus Familien, die über Sexualität nicht sprechen, sind einem höheren Risiko ausgesetzt. Da sich alle Mädchen und Jungen für Sexualität interessieren, suchen sie auch Antworten auf ihre Fragen. Kinder, die keine angemessenen Antworten erhalten, sind empfänglich für „falsche" Antworten. Unwissenden Kindern können Täter leicht erzählen, was angeblich normal ist, und die Kinder haben keine Chance sich zu vergewissern, ob das eigentlich stimmt.

> Auch aus präventiven Gründen sollte Sexualerziehung in der Kita stattfinden, denn Täter von sexuellem Missbrauch wählen häufig Kinder als Opfer, die über Sexualität unzureichend oder falsch informiert sind.

Außerdem befinden sich Kinder, die nicht über Sexualität reden dürfen, die keine aussprechbaren Worte für Genitalien und sexuelle Vorgänge kennen, in einer dramatischen Lage, falls sexueller Missbrauch geschieht: Sie können nicht darüber sprechen, was passiert ist. Der Missbrauch wird wie die Sexualität selbst zum Tabu, die betroffenen Kinder sind von Hilfe abgeschnitten. Zudem leiden sie unter noch stärkeren Schuldgefühlen als andere Opfer. Sie empfinden sich als schlechte Kinder, weil sie mit einem schlechten Thema in Kontakt gekommen sind.

Neben der Sorge, die Kinder zu überfordern, werden in der Praxis noch andere, zum Teil sogar entgegengesetzte Gründe für die Zurückhaltung von ErzieherInnen hinsichtlich der Sexualerziehung genannt. So vermuten manche ErzieherInnen, dass Sexualerziehung in der Kita überflüssig geworden sei, weil die Kinder ohnehin schon so viel wüssten. Aus einer Untersuchung über das Sexualwissen von zwei- bis sechsjährigen Kindern geht jedoch hervor, dass dieses sich in den vergangenen 30 Jahren kaum verändert, eben auch nicht vermehrt hat.[18]

Viele ErzieherInnen gehen ferner davon aus, dass Sexualerziehung als sehr persönliches Thema den Eltern vorbehalten sein sollte, dass sie damit Elternrechte verletzen könnten, dass ihnen Erziehung in diesem Bereich nicht wirk-

---

18 Vollbert, Renate: Sexualwissen von 2– bis 6jährigen Kindern. In: BzgA Forum 2/1998, S.5

lich zustünde.[19] Wissenschaftliche Untersuchungen und Praxiserfahrungen über das Sexualwissen von Kindern belegen jedoch, dass die Kinder zu Hause nicht unbedingt ausreichendes Sexualwissen erhalten.[20] Deshalb sollten sich Kitas nicht scheuen, wie in anderen Erziehungsbereichen auch, familienergänzend zu wirken.

Die aktuelle Bildungs- und Qualitätsdiskussion kann hier die Position der Kitas stärken. Wurde bislang Sexualerziehung nur von wenigen Kindergartengesetzen der Bundesländer als Aufgabe vorschulischer Erziehung benannt, wird sich dies in naher Zukunft wohl ändern: Als Antwort auf die PISA-Studie werden den Kitas zunehmend Bildungsaufgaben zugewiesen werden. So hat bereits die Berliner Senatsverwaltung für Bildung, Jugend und Sport einen Entwurf für ein Bildungsprogramm für Kitas vorgelegt. Hier werden vielfältige, breit gefächerte Facetten der Sexualerziehung als Anforderungen für die vorschulische Erziehung formuliert. Auch die Bundeszentrale für gesundheitliche Aufklärung bezieht hier einen deutlichen Standpunkt: „Sexualerziehung – verstanden als umfassende und ganzheitliche Förderung und Begleitung – ist integraler Bestandteil von Gesundheitsförderung und Persönlichkeitserziehung und fällt somit in den Aufgabenbereich des Kindergartens."[21]

In der Praxis werden aber auch Bedenken formuliert, wie den vielen unterschiedlichen Anforderungen von Eltern an die Sexualerziehung in der Kita entsprochen werden kann. Zudem ist die Angst weit verbreitet, sich vor Eltern für die sexualpädagogische Arbeit rechtfertigen zu müssen. Die Erfahrung zeigt,

---

19 *Dass in einer Untersuchung 97% von rund 150 befragten Eltern Sexualerziehung im Kindergarten für notwendig hielten (zitiert nach Volbert aaO, S. 7), mag in diesem Zusammenhang erstaunen und die Frage nach der Begründetheit der Sorgen von ErzieherInnen aufwerfen. Es ist zu vermuten, dass die ErzieherInnen in vielen Fällen die ablehnende Haltung der Eltern antizipieren. Jedoch sind auch Zweifel an der Repräsentativität der Elterngruppe angebracht.*

20 *Bundeszentrale für gesundheitliche Aufklärung (Hg.): Entdecken, schauen, fühlen! Handbuch für Erzieherinnen und Erzieher zur Kindergartenbox. Köln 2003, S. 3 f.*

21 *Amann, Stefanie/Zinser, Sigrid: Kindergartenbox „Entdecken, schauen, fühlen!" Medienpaket der BzgA zur Körpererfahrung und Sexualerziehung im Kindergarten. In: BzgA Forum 4/2003, S. 24*

dass nur ein offensiver Umgang, ein intensives Bemühen um Kommunikation dieses Problem lösen kann. Wenn Eltern von sexualpädagogischen Inhalten überrascht werden, entsteht leicht der Eindruck, als sollte Sexualerziehung hinter ihrem Rücken stattfinden. Eltern müssen mit einbezogen und umfassend informiert werden. Dazu sollten Inhalte, Leitgedanken und Materialien zur Sexualerziehung auf einem thematischen Elternabend vorgestellt werden. Eltern brauchen die Gelegenheit zum Austausch und zur Diskussion in diesem Rahmen, um mögliches Misstrauen abzubauen. (Im Kapitel „Das sexualpädagogische Konzept" finden sich weitere Hinweise zur Einbeziehung und zur Kommunikation mit den Eltern.)

Ist Sexualerziehung in der Schule sinnvoll?

Anders als in vorschulischen Kindereinrichtungen gehört die Sexualerziehung seit 35 Jahren zum gesetzlichen Bildungsauftrag der Schulen. Die Rahmenrichtlinien der einzelnen Länder regeln Ziel und Inhalte dieses Unterrichtsthemas. Umfang und Ausgestaltung dieses Bildungsbereich hängen jedoch in der Praxis weitgehend vom persönlichen Engagement der Lehrkräfte ab, zumal die universitäre Lehrerausbildung nur wenig auf diese Aufgabe vorbereitet.[22]

Die individuelle Bereitschaft und die persönliche Überzeugung von LehrerInnen, dass sie Kindern und Jugendlichen Lebenskompetenz in diesem Bereich vermitteln können, sowie ihre Bereitschaft zu Fortbildungen ermöglichen eine schulische Sexualerziehung, die der Bedeutung von Sexualität entspricht. Im Gegensatz zu ErzieherInnen haben diese Lehrkräfte den Vorteil, dass sie das Schulgesetz auf ihrer Seite wissen und so einem geringeren Rechtfertigungsdruck seitens der Eltern ausgesetzt sind. Zudem profitieren Lehrkräfte von ihrem höheren gesellschaftlichen Status gegenüber ErzieherInnen. Die höhere professionelle Qua-

> Die persönliche Überzeugung von LehrerInnen, dass sie Kindern und Jugendlichen Lebenskompetenz in diesem Bereich vermitteln können, ermöglichen eine schulische Sexualerziehung, die der Bedeutung von Sexualität entspricht.

22 Valtl, Karlheinz: Sexualpädagogik in der Schule. Weinheim 1998, S. 11

lifikation, verbunden mit besserer Bezahlung, verleiht ihnen in der Regel mehr Autorität. Nichtsdestotrotz sehen sich viele Lehrkräfte mit vergleichbaren Problemlagen wie ErzieherInnen in Kitas konfrontiert.

Seltener als bei Kitas wird hier von Eltern die Frage aufgeworfen, ob die Schule der richtige Ort für Sexualerziehung sei. Die Bedenken gelten aber gelegentlich der Frage, ob schulische Sexualerziehung überhaupt nötig sei, wo Mädchen und Jungen bereits im Grundschulalter so viel über Sexualität wüssten, weil inzwischen überall, vor allem in den Medien, über Sexualität geredet und viel gezeigt wird. Auch manche Lehrkräfte hegen Zweifel an der Notwendigkeit einer Sexualerziehung in der Schule, was sich auf ihre Motivation auswirken kann. Sieht man sich jedoch die Fragen an, die Schülerinnen und Schüler einer 5. Klasse anonym formulieren sollten, um damit ihre Erwartung an den bevorstehenden Sexualkundeunterricht auszudrücken, zeigt sich ein anderes Bild. Allein die Tatsache, dass 22 SchülerInnen über 150 Fragen notierten, zeigt, dass sie nicht genug wissen.

Welche Inhalte vermittelt werden müssen, ergibt sich aus der Art der Fragen. Einerseits weisen Fragen wie „Wie funktioniert Arschpoppen?" oder „Warum muss man Silikon in den Busen tun?" darauf hin, dass Kinder dieses Alters eine Fülle von Informationen über sexuelle Vorlieben und Wünsche Erwachsener aus den Medien haben – Informationen, mit denen sie häufig überfordert sind, die sie im Elternhaus nicht nachzufragen wagen und die in ihrer Vorstellung (erschreckende) Anforderungen für ihre eigene zukünftige Erwachsenensexualität darstellen. Andererseits belegen Fragen wie „Warum wollen Erwachsene überhaupt Sex machen?" oder „Dauert Sex bei Menschen länger als bei Tieren?", dass sie kaum eine Verbindung zwischen Gefühlen und sexuellen Verhaltensweisen herstellen können. Deshalb ist es u.a. die Aufgabe schulischer Sexualerziehung, Mädchen und Jungen Einblick in die emotionale Qualität von erwachsener und kindlicher Sexualität zu gewähren, Informationen über sexuelle Spielarten zurechtzurücken und klarzustellen, wie gering deren Relevanz ist.

Mit einer gänzlich anderen Begründung stehen andere Eltern der schulischen Sexualerziehung kritisch gegenüber und lehnen sie zum Teil ab: Sie haben eher religiöse Vorbehalte, die sich auf ihre Einstellung zur Sexualität überhaupt beziehen. Unter anderem richtet sich die Abwehr gegen die gemischtgeschlechtliche Form des Sexualkundeunterrichts.

Der Umgang mit solchen grundsätzlichen Vorbehalten ist ein wichtiges Thema, das aber den thematischen Rahmen des vorliegenden Buches überschreitet. Es lohnt sich jedoch zu versuchen, solche Eltern zu gewinnen, indem mit Feingefühl auf ihre Sorgen eingegangen wird. So kann z.B. die Auswahl der Materialien an höheren Schamgrenzen orientiert werden, indem anstelle von Fotos Zeichnungen von nackten Körpern benutzt werden, oder es kann getrenntgeschlechtlicher Sexualkundeunterricht angeboten werden.

Welche Themenbereiche sollte die vorschulische und schulische Sexualerziehung umfassen?

▸ **Biologische Unterschiede:** Kinder müssen die biologischen Unterschiede zwischen den Geschlechtern kennen, die Geschlechtsteile benennen können und erfahren, dass man darüber sprechen darf. Für Kinder im Kita-Alter ergänzt die Sexualerziehung die eigenen Erfahrungen, die bei der Selbsterkundung und beim Betrachten und Untersuchen der Genitalien anderer Kinder gemacht werden. Die Kinder lernen, dass sie zu einem der beiden Geschlechter gehören, dass alle Mädchen bzw. Frauen und alle Jungen bzw. Männer die gleichen Geschlechtsorgane haben. Die eigene Orientierung in der Zweigeschlechtlichkeit ist unverzichtbar für die Entwicklung der sexuellen Identität von Mädchen und Jungen.

Dabei ist frühzeitig auf die Vollständigkeit der Bezeichnungen zu achten, denn während die männlichen Genitalien in der Regel Mädchen wie Jungen schon früh bekannt sind, fehlt vielen Mädchen und Jungen bis ins Schulalter und darüber hinaus das Wissen, dass Mädchen eine Klitoris haben. Leider sparen auch heute noch Aufklärungsbücher und sexualpädagogische Materialien dieses „Detail" aus! Selbst die Kindergartenbox der Bundeszentrale für gesundheitliche Aufklärung, die ansonsten eine wertvolle Bereicherung für die sexualpädagogische Arbeit darstellt, bleibt in diesem Punkt hinter ihren eigenen Ansprüchen zurück: Die darin enthaltenen Puppen Lutz und Linda sollen „die Geschlechtsunterschiede sichtbar und begreifbar machen und (es) den Kindern ermöglichen, sich mit ihrem eigenen Körper sowie dem des anderen Geschlechts auseinander zu setzen." Dennoch beschränken sich die Genitalien von Linda auf eine Steppnaht, während Lutz deutlich über einen Penis und Hoden verfügt.

Das Weglassen der Klitoris als weiblichem Lustorgan in Büchern und Materialien gleicht einer „symbolischen Beschneidung"[23] und trägt dazu bei, dass der Zugang der Mädchen zur weiblichen Lust erschwert wird. Die Selbstwahrnehmung als sexuell aktives und begehrendes Wesen wird blockiert. Stereotype Bilder von der passiven, weiblichen Sexualität, die die männliche bestenfalls ergänzt, können so fortdauern, was auch die Vorstellung von Jungen über weibliche Sexualität negativ beeinflusst.

> Das Weglassen der Klitoris als weiblichem Lustorgan in Büchern und Materialien gleicht einer „symbolischen Beschneidung und trägt dazu bei, dass der Zugang der Mädchen zur weiblichen Lust erschwert wird.

In der Praxis tun sich auch viele ErzieherInnen schwer, die Klitoris aktiv zu benennen. Begründet wird diese Zurückhaltung zumeist mit dem fehlendem Anlass, mit unterbleibenden Fragen der Kinder und damit, dass die Klitoris ja nicht zu sehen sei. Anlass bietet jedoch die in Kitas am weitesten verbreitete sexuelle Aktivität von Kindern, die Selbstbefriedigung, die von Jungen am Penis und von Mädchen eben nicht an der Scheide, sondern an der Klitoris ausgeführt wird.

---

23 Milhoffer, Petra: Selbstwahrnehmung, Sexualwissen und Körpergefühl 8–14jähriger Mädchen und Jungen. In: BzgA Forum 2/1998, S. 16

Die Fragen unterbleiben auch deshalb, weil die Mädchen vermeintlich bereits eine Antwort erhalten haben: Sie haben eine Scheide. Da u.a. die geringere äußere Sichtbarkeit der weiblichen Genitalien schlimmstenfalls dazu führt, dass Kinder vermuten und lernen, „Jungen haben einen Penis, Mädchen haben nichts", sollte gerade die vorschulische Sexualerziehung diesen Trugschluss verhindern.

Die schulische Sexualerziehung hat die Aufgabe, die Geschlechtsorgane mit ihren beiden Funktionen – als Fortpflanzungs- und als Lustorgane – darzustellen. Beschränkt man sich nämlich auf die reproduktiven Aspekte, bleibt es Kindern rätselhaft, wieso Erwachsene Geschlechtsverkehr haben wollen. Sie sollten erfahren, dass in der Regel Lustgefühle die Erwachsenen zwar zum Geschlechtsverkehr motivieren, aber keineswegs immer auf Fortpflanzung ausgerichtet sind.

Während junge Kinder vor allem die Zweigeschlechtlichkeit und ihre biologischen Voraussetzungen begreifen müssen, kann es bei Schulkindern durchaus angebracht sein, das Thema Transsexualität anzuschneiden. Klare Informationen über die Möglichkeiten medizinischer Anpassung des biologischen Geschlechts an die gefühlte Geschlechtsidentität erleichtern es Schulkindern, dieses zunehmend in der Öffentlichkeit diskutierte Thema zu verstehen und verwirrende, „aufgeschnappte" Details einzuordnen.

▶ **Geschlechtsrollen:** Die Auseinandersetzung mit Geschlechtsrollen muss in Kita und Schule kritisch stattfinden. Mädchen und Jungen sollten lernen, dass die sozialen Erwartungen an die beiden Geschlechter nicht immer erfüllt werden müssen, dass sie Kinder und Erwachsene oftmals einschränken, dass individuelle Vorlieben, Talente und Geschmäcker entscheidender sind als verordnetes Geschlechtsrollenverhalten. Hier ist vor allem darauf zu achten, dass dieses Thema nicht nur theoretisch abgehandelt wird, sondern, dass die Mädchen und Jungen in ihrem Alltag erfahren, dass die Erwartungen an sie von den PädagogInnen nicht an ihr Geschlecht, sondern an ihre Person geknüpft werden.

Vor allem haben ErzieherInnnen und Lehrkräfte die Aufgabe, den enormen Druck der Peergroups bezüglich geschlechtsstereotyper Verhaltensweisen abzumildern. Wenn Jungen wegen ihres Interesses an der Puppenecke von anderen Jungen, aber auch Mädchen ausgelacht werden, wenn eine Zehnjährige wegen ihrer Kurzhaarfrisur von ihren Mitschülerinnen Spott erntet, sind sie auf die Unterstützung von PädagogInnen angewiesen.

▶ **Fortpflanzung:** Fortpflanzung als sexualpädagogisches Thema in Kita und Schule ist ein Thema unter anderen und sollte, um eine Verengung der Sexualität auf den Fruchtbarkeitsaspekt zu verhindern, nicht unbedingt im Mittelpunkt der Sexualerziehung stehen. Neben altersangemessenen Informationen über den Zeugungsvorgang und die Schwangerschaft gehören auch Themen wie Insemination und Adoption in diesen Bereich. Zum einen sollen sich auch Kinder, die einen solchen persönlichen Hintergrund haben, in diesem Thema wiederfinden. Zum anderen interessieren sich bereits SchülerInnen für die Frage, was man tun kann, wenn man keine leiblichen Kinder bekommen kann oder will. Auch die sozialen Aspekte von Fortpflanzung sollten behandelt werden: Was bedeutet es, Eltern zu werden? Was brauchen Babys an Fürsorge und Liebe?

Kinder können so eine Vorstellung davon entwickeln, was ihre Aufgabe sein wird, wenn sie sich zur Elternschaft entscheiden werden. Hier ist vor allem darauf zu achten, dass die traditionelle Rollenverteilung nicht unreflektiert vermittelt wird. Wenn Kita-Kinder die soziale Aufgabe eines Vaters so beschreiben: „Der Papa geht das Geld verdienen", brauchen sie Unterstützung, um diese Rollenzuschreibung hinterfragen zu können, um nicht automatisch in sie hineinzuwachsen. Sie sollten erfahren, dass Kinder auch für Männer ein wichtiger, glücksspendender Lebensinhalt sein können.

▶ **Sprachliche Ausdrucksmöglichkeiten:** Sexualerziehung bedeutet auch, mit Kindern eine Sprache für Geschlechtsorgane und sexuelle Vorgänge zu finden, die der positiven Bedeutung von Sexualität gerecht wird und von anderen Kindern, aber auch PädagogInnen nicht als verletzend oder abwertend erlebt wird. Schon in der Kita kennen Kinder umgangssprachliche, aber auch abwertende Begriffe wie „ficken", „rammeln", „Fotze", „Ständer", „Hurensohn" u.Ä., zumeist ohne ihre genaue Bedeutung zu begreifen. Sie erfahren, dass sie damit provozieren können und allseits große Aufregung verursachen. Dieses Bedürfnis haben zunächst viele Kinder. Es tritt jedoch massiv bei solchen Kinder auf, die spüren, dass Sexualität etwas Schlechtes sein muss, weil zu Hause darüber nicht oder nur in negativer Form gesprochen wird.

> Kinder, die ernsthaft und in positivem Sinne über Sexualität informiert werden, verlieren eher das Bedürfnis nach Provokation, weil die Sexualität aus der „Schmuddelecke" heraus kommt.

Aber auch Kinder aus Familien, in denen eine sexualisierte Atmosphäre herrscht, wo die Intimität von Kindern und Erwachsenen nicht gewahrt wird und Kinder erfahren, dass Sexualität ein Mittel zur Abwertung oder Demütigung ist, fallen durch eine solche Sprache auf. Diese wie jene Kinder brauchen eine Korrektur ihres verzerrten Bildes von Sexualität, die sich auch daran festmacht, eine angemessene Sprache dafür zu lernen, mit der sie nicht sozial anecken, die aber auch von anderen nicht als verbale Form sexueller Gewalt erlebt wird.

Manche ErzieherInnen und Lehrkräfte scheuen sich vor Sexualerziehung, weil sie befürchten, vulgären Ausdrücken Tür und Tor zu öffnen. Das Gegenteil ist der Fall: Kinder, die ernsthaft und in positivem Sinne über Sexualität informiert werden, verlieren eher das Bedürfnis nach Provokation, weil die Sexualität aus der „Schmuddelecke" heraus kommt.

▶ **Sexualität im Kontext sozialer Beziehungen:** Wichtig ist zudem, dass Kinder jeden Alters erfahren, dass Sexualität eng verbunden ist mit

Bedürfnissen nach Zärtlichkeit und Liebe und dass sie nicht losgelöst von sozialen Beziehungen existiert. Hierher gehört auch die Erörterung unterschiedlicher Lebensformen wie klassische Familien, Patchwork-Familien, verheiratete/nichtverheiratete Paare, hetero- oder homosexuelle Beziehungen, bisexuelle Orientierung und weitere Beziehungs- und Sozialformen. Homosexualität sollte dabei nicht als Spezialthema behandelt werden, sondern als eine der Heterosexualität gleichberechtigte, wenn auch nicht gleich weit verbreitete sexuelle Orientierung.[24]

Die Praxis zeigt, dass gerade an diesem Punkt bei PädagogInnen und Eltern Zweifel bestehen, ob die Thematisierung von Homosexualität Kindergartenkinder nicht überfordert. Kinder nehmen aber bereits in diesem Alter die gesellschaftlich noch immer verbreitete Homophobie unbewusst wahr und haben das Gefühl, dass auf gleichgeschlechtliche Beziehungen herabgesehen wird. Sie spüren durchaus, dass Homosexualität vor allem in Bezug auf Jungen negativ stigmatisierend wirkt, während eine Stigmatisierung lesbischer Sexualität in diesem Alter noch wenig präsent ist.

Deshalb halten wir es für erforderlich, entsprechend auf dieses Thema einzugehen. Begriffe wie „normal" und „andersrum" sollten dabei unbedingt vermieden werden. Ähnliches gilt für die Wahrnehmung alter Menschen oder von Menschen mit Behinderung als sexuelle Wesen. Wenn die schulische Sexualerziehung die Selbstverständlichkeit heterosexueller, jugendlicher, nicht behinderter Sexualität bzw. Lebensweise nicht fortschreibt, sondern anspricht und dabei die in diesem Alter bewusst wahrgenommenen gesellschaftlichen Abwertungen hinterfragt, erleichtert sie es den Mädchen und Jungen, ihre individuelle sexuelle Orientierung in der Zukunft zu entwickeln. Außerdem werden

---

24 Valtl aaO, S. 150 f.

die Kinder so zu einem respektvolleren Umgang mit anderen Lebensformen geführt, was wiederum ihre eigene Entscheidungsfreiheit verstärkt.

Besondere Aufmerksamkeit brauchen Kinder aus einem anderen kulturellen oder religiösen Umfeld, mit oder ohne Migrationshintergrund. Sie erfahren, abhängig von der aktuell wirksamen kulturellen Prägung eine noch stärkere Tabuisierung von Homosexualität oder anderen sozialen Lebens- und Beziehungsformen. Auf den Schwerpunkt Sexualpädagogik und multikurelle Gesellschaft gibt es kaum Fachpublikationen. Eine Ausnahme bieten die umfangreichen sexualpädagogischen Materialien von Schütz und Kimmich[25].

Vor welchen Schwierigkeiten homosexuelle Jugendliche bei ihrem Coming-out stehen, zeigt sich nicht zuletzt darin, dass ihre Suizidrate erheblich höher ist als die heterosexueller Jugendlicher.[26] Im Übrigen hat dieses Thema auch gewaltpräventive Aspekte: Verbale und körperliche Gewalt gegen Homosexuelle geht überwiegend von (männlichen) Jugendlichen und Jugendlichengruppen aus. Hier kann die schulische Sexualerziehung vorbeugend wirken, wenn es ihr gelingt zu vermitteln, dass Homosexualität eine Form der (sexuellen) Liebe ist und keine Perversion und dass sich niemand dadurch bedroht fühlen muss.

▶ **Kindliche Sexualität:** Kinder brauchen Informationen nicht nur über die Sexualität Erwachsener. Mädchen und Jungen sollten ihre eigenen Erfahrungen mit Sinnlichkeit und sexueller Entdeckungslust in der Sexualerziehung wiederfinden. Dies geschieht in Kitas bereits dann, wenn sie einen positiven Umgang mit ihren sexuellen Aktivitäten durch die PädagogInnen erleben. Solche sexuellen Aktivitäten können der Anlass sein,

---

25 Schütz, Elisabeth/Kimmich, Theo: Sexualität und Liebe – Praxis der Sozialpädagogik, Band 1, Weinfelden 2001, S. 35 ff.

26 vgl. dazu Hofsäss, Thomas: Exkurs zum Suizidalverhalten von Jugendlichen mit gleichgeschlechtlicher Orientierung. In: Senatsverwaltung für Bildung, Jugend und Sport – Fachbereich für gleichgeschlechtliche Lebensweisen (Hg.): Sie liebt sie. Er liebt ihn. Eine Studie zur psychosozialen Lage junger Lesben, Schwuler und Bisexueller in Berlin. Berlin 1999

es ausdrücklich als natürlich und legitim zu bestätigen, dass auch Kinder manchmal Lust haben, sich an den Genitalien zu berühren, dass sie das Bedürfnis verspüren, andere Kinder anzuschauen oder anzufassen und auch selbst von anderen Kindern angeschaut oder angefasst zu werden. Dass kindliche Sexualität etwas anderes als erwachsene Sexualität ist, verstehen Kinder am besten, wenn beide Formen der Sexualität auch begrifflich unterschieden werden. Der Begriff „Sex" sollte ausschließlich für genitale Erwachsenensexualität reserviert sein. Dass Kinder diesen Unterschied selbst machen, zeigt sich daran, dass sie den Ausdruck „wir sexen" in der Regel nur dann verwenden, wenn sie erwachsene Sexualität wie Geschlechtsverkehr imitieren.

> Das Thematisieren von kindlicher Sexualität gestaltet sich erfahrungsgemäß in der Grundschule schwieriger als in der Kita. Die Schamgefühle von GrundschülerInnen sind schon viel ausgeprägter und müssen unbedingt berücksichtigt werden.

Das Thematisieren von kindlicher Sexualität gestaltet sich erfahrungsgemäß in der Grundschule schwieriger als in der Kita, weil sexuelle Aktivitäten hier weitaus seltener zu beobachten sind. Die Schamgefühle von GrundschülerInnen sind schon viel ausgeprägter und müssen unbedingt berücksichtigt werden. Dies kann geschehen, indem dieses Thema getrennt in Mädchen- und Jungengruppen bearbeitet wird, aber zusätzlich auch dadurch, dass den Mädchen und Jungen nicht das Gefühl vermittelt wird, ihre persönliche Intimität sollte hier besprochen oder gar preisgegeben werden. Beim Thema Sexualität Erwachsener berichten die LehrerInnen ja auch nicht eigene Erfahrungen. Lehrkräfte müssen also nicht befürchten, mit den Mädchen und Jungen über deren konkrete Sexualität sprechen zu müssen.

▸ **Masturbation als Form von Sexualität:** Im Rahmen der schulischen Sexualerziehung sollte auch das Thema Masturbation als eigenständige Form (nicht nur) kindlicher und jugendlicher Sexualität angesprochen werden. Hier bietet sich die Möglichkeit, die gesellschaftlich verbreitete Abwertung dieser sexuellen Aktivität zu hinterfragen und noch immer verbreitete Mythen über die gesundheitsschädlichen Folgen von Selbstbefriedigung zu entkräften. PädagogInnen können zudem vermitteln, dass eine befriedigende autoerotische Aktivität Jugendliche davor schützt, vorzeitige sexuell-genitale Kontakte mit anderen suchen zu müssen. Dieser Aspekt enthält eine gewaltpräventive Perspektive: Denn der Wunsch nach sexueller Bedürfnisbefriedigung führt bei männlichen Jugendlichen mitunter dazu, dass sie diese auch mit Gewalt herbeiführen wollen, indem sie die sexuellen Grenzen von Mädchen verletzen. Wer Masturbation nicht als minderwertige Form von Sexualität betrachtet, sondern sie lustvoll und frei von Schuldgefühlen erleben kann, gerät nicht so leicht unter den Druck, zu seiner Bedürfnisbefriedigung sexuelle Kontakte – zur Not auch mit Gewalt – zu anderen aufnehmen zu müssen.

▶ **Der Aspekt der Freiwilligkeit:** Von größter Wichtigkeit ist es, Jungen und Mädchen zu vermitteln, dass jegliche sexuelle Aktivität – sowohl die Erwachsener als auch die von Kindern – nur in Ordnung ist, wenn der oder die jeweils andere das auch gerne will. Kinder jeden Alters sollten wissen, dass Freiwilligkeit eine unverzichtbare Voraussetzung für sexuelle Kontakte ist und die Grenze zur Gewalt überschritten ist, sobald diese Voraussetzung fehlt.

▶ **Prävention von sexuellem Missbrauch:** Systematisch gesehen ist Prävention von sexuellem Missbrauch an Mädchen und Jugend kein Thema der Sexualerziehung, sondern sollte in Schulen sinnvollerweise unter dem Thema Gewalt behandelt werden. Denn sexueller Missbrauch ist keine Form von erwachsener Sexualität, sondern sexualisierte Gewalt an Kindern. Erst wenn Kinder in der Schule einen positiven Zugang zur Sexualität erhalten haben, sollten sie mit einem gewissen zeitlichen Abstand über sexuellen Missbrauch informiert werden. Dazu gehören Informationen über die Strategien der Täter, über die ambivalenten Gefühle der kindlichen Opfer, über die Gründe, warum sie so oft darüber schweigen,

über die alleinige Verantwortung Erwachsener für ihre Taten und dergleichen mehr. Aufklärung über sexuellen Missbrauch macht aber nur
Sinn, wo er in Präventionsarbeit und eine entsprechende Erziehungshaltung der Lehrkräfte eingebettet ist. Das bedeutet, die Präventionsthemen nicht nur im Unterricht zu bearbeiten, sondern sie auch im Schul-
alltag umzusetzen. Hierzu gibt es sehr gute spezialisierte Materialien.
Als Hilfestellung kann etwa das Handbuch von *Strohhalm e.V.* „Auf dem
Weg zur Prävention" genutzt werden.[27]

Für Kinder im Kita-Alter ist die oben beschriebene Form der Aufklärung
über sexuellen Missbrauch noch verfrüht. Sie sind in der Regel mit
detaillierte Informationen überfordert und kön-
nen sie noch nicht für ihren Schutz nutzen.
Schlimmstenfalls entwickeln Kinder in diesem
Alter daraus Ängste und Misstrauen. In der Kita
genügt es daher, im Rahmen der Sexualerziehung deutlich zu machen, dass erwachsene
Sexualität nichts für Kinder ist, dass Erwachsene
das nur mit Erwachsenen machen dürfen.

> Neben der Vermittlung von
> Wissen über und sprachlichen
> Ausdrucksmitteln für Genita-
> lien sollte der Schwerpunkt auf
> den Gefühlen von Kindern lie-
> gen und auf ihrem Recht, über
> ihren Körper selbst zu bestim-
> men und sich abzugrenzen.

Dennoch sollte in jedem sexualpädagogischen
Konzept zumindest eine Orientierung an Präventionsthemen nicht fehlen. Neben der Vermittlung von Wissen über und sprachlichen Ausdrucks-
mitteln für Genitalien (s.o.) sollte der Schwerpunkt der vorschulischen
Sexualerziehung deshalb auf den Gefühlen von Kindern liegen und auf
ihrem Recht, über ihren Körper selbst zu bestimmen und sich abzugrenzen. Denn Kinder, die ihre Gefühle wahrnehmen können, spüren eher,
wann ihnen Berührungen unangenehm sind, und sind nicht so leicht zu
manipulieren. Mit dieser Voraussetzung fällt es ihnen leichter, uner-

---

27 Zu beziehen direkt bei Strohhalm e.V.

wünschte Berührungen abzulehnen bzw. über solche Situationen zu sprechen. Auch das Respektieren der Grenzen anderer ist integraler Bestandteil einer präventiven Sexualerziehung. Sie verlangt in dieser Hinsicht, gerade grenzverletzendes Verhalten von Jungen (auch, aber nicht nur im sexuellen Bereich) ernst zu nehmen, zu unterbinden und nicht augenzwinkernd als jungentypisch durchgehen zu lassen.

Ein sexualpädagogisches Konzept sollte verbindlich festlegen, welche der vorgestellten Themen und welche darüber hinausgehenden Aspekte die Sexualerziehung in einer Kita oder einer Schule bestimmen sollen. Dazu muss ein gemeinsamer Diskussionsprozess zur Konsensfindung stattfinden, ähnlich wie in den Ausführungen zum Umgang mit sexuellen Aktivitäten unter Kindern dargelegt (vgl. hierzu auch den Teil „Das sexualpädagogische Konzept"). Anders als in Kitas werden in Schulen die Rahmenrichtlinien zur Sexualerziehung ohnehin die Grundlage für dieses Konzept bilden. Durch ein sexualpädagogisches Konzept kann eine Schule jedoch die Bedeutung der Sexualerziehung hervorheben und eigene inhaltliche Schwerpunkte setzen. Das sexualpädagogische Konzept einer Kita kann ihrem individuellen Profil und ihren individuellen Bedingungen Rechnung tragen. Die gewünschten Inhalte der Sexualerziehung können deshalb variieren und möglicherweise in einer staatlichen Kita andere sein als in einem Kinderladen oder in der Kita eines konfessionellen Trägers.

Neben der Einigung über die Inhalte der Sexualerziehung kann es auch eine Absprache über die Form der Vermittlung geben. In der Grundschule ist zunächst der Sexualkundeunterricht die geeignete Form. In den Kitas bieten sich Gespräche im Morgenkreis, Projektarbeit, Vorlesen von Kinderbüchern u.Ä.m. an. Angesichts der Fülle wichtiger sexualpädagogischer Themen kann es leicht zu Gefühlen von Überforderung bei ErzieherInnen und Lehrkräften kommen. Es mag schwierig erscheinen, alle Themen in Unterrichtseinheiten oder sexualpädagogischen Projekten umzusetzen. Dies ist jedoch auch gar nicht erforderlich, denn viele Themen fließen in den pädagogischen Alltag ein als Hinweise, Kommentare und beim Formulieren eines eigenen pädagogischen Standpunktes bei Gesprächen und Konflikten unter Kindern. Die

Reflexion dieser Themen bei der Erarbeitung eines sexualpädagogischen Konzepts gibt den PädagogInnen jedoch mehr Sicherheit in der Kommunikation und macht sie sensibler für „geeignete" Momente. Wichtig ist, dass Einigkeit darüber erzielt wird, dass dem Thema Sexualerziehung zusätzlich Raum gegeben wird, sobald sich im Alltag Anknüpfungspunkte ergeben. Gerade in Grundschulen ist es äußerst wichtig, dass zwischen Unterrichtseinheiten zur Sexualkunde in den verschiedenen Klassenstufen kein sexualpädagogisches Vakuum entsteht, sondern aktuelle Anlässe und Fragen genutzt werden, um diese Inhalte zu vermitteln.

SEXUELLE ÜBERGRIFFE UNTER KINDERN

WEDER KINDLICHE SEXUALITÄT NOCH SEXUELLER MISSBRAUCH

Die wesentliche Voraussetzung für einen pädagogisch-fachlichen Umgang mit sexuellen Übergriffen unter Kindern ist zunächst die genaue und sichere Abgrenzung von kindlichen sexuellen Aktivitäten. Aber auch die Unterscheidung zwischen sexuellen Übergriffen unter Kindern einerseits und sexuellem Missbrauch durch Erwachsene andererseits ist unverzichtbar, um einen klaren Blick auf die konkret Beteiligten und ihre Rollen zu gewinnen und angemessen auf die Situation reagieren zu können.

Diese Unterscheidungen sind in den letzten Jahren wesentliche Beratungsinhalte von *Strohhalm* zum Thema Sexuelle Übergriffe unter Kindern gewesen. Wenn die Grenzen zwischen sexuellen Übergriffen und kindlicher Sexualität einerseits und sexuellem Missbrauch andererseits verwischen, sind typische Verzerrungen des Ergebnis: Es kommt zu Verharmlosungen des Vorfalles oder aber zu Dramatisierungen in der Einschätzung der Situation, mit den daraus entstehenden Konsequenzen.

Folgen mangelnder Abgrenzung

Die falsche Zuordnung eines sexuellen Übergriffs als „eigentlich" kindliches Sexualverhalten verführt zu der hoffnungsvollen Einschätzung, „das verwächst sich, das sind kindliche oder pubertäre Entgleisungen". Interpretationen werden bemüht: „pubertäres Suchverhalten", „Ersatzhandlungen", „ungeschickte Beziehungsgestaltung" sind Begriffe, die es erlauben, „eindeutig sexuelle aggressive Handlungen in diesem jungen Alter lieber im Rahmen von ‚Doktorspiel', ‚Informationssammlung', ‚Neugierverhalten', ‚Explorationsdrang', ‚Entwicklungs- und Verhaltensstörung', ‚normaler Spielbreite kindlicher Sexualentwicklung' usw."[28] zu deuten. Diese Auffassung entsteht aus einer liberalen Haltung gegenüber einer möglichst großen Bandbreite kindlicher Sexualität, die auf jegliche Einschränkung oder Ablehnung verzichten möchte.

Ein ganz anderer Ausgangspunkt, nämlich die Assoziation oder gar Gleichsetzung von sexuellen Übergriffen unter Kindern mit sexuellem Missbrauch durch Erwachsene an Mädchen und Jungen, kann zu ähnlichen Ergebnissen führen wie diese liberale oder naive Verharmlosung. Denn wer diese gedankliche Gleichsetzung vollzieht, müsste in der Konsequenz Kinder als sexuelle Missbraucher, als Täter wahrnehmen. Die verständliche Scheu vor dieser Konsequenz, mitunter sogar die Abwehr dagegen, führt auch hier dazu, dass der sexuelle Übergriff dann lieber übersehen wird oder dass von ihm abgelenkt wird. Es fällt einfach zu schwer, etwas so Tabuisiertes wie „Kinder als Täter sexueller Gewalt" wahrzunehmen, sich damit zu konfrontieren, dass es so etwas geben kann. PädagogInnen erleben Gefühle von Inkompetenz und Ratlosigkeit, wie mit einem Missbrauchsverdacht gegen ein Kind umzugehen sei, und zusätzlich Widersprüche zu ihrem Bild von Kindheit, das mit Vorstellungen von Reinheit und Unschuld verknüpft ist.

---

28 Deegener, Günther: Sexuell aggressive Kinder und Jugendliche – Häufigkeiten und Ursachen, Diagnostik und Therapie. In: Höfling u.a. (Hg.): Auftrag Prävention. Offensive gegen sexuellen Kindesmissbrauch. München 1999, S. 358

Unterstützung erfahren sowohl das liberale als auch das aus Abwehr motivierte Bedürfnis, sexuelle Übergriffe zu übersehen, zu verharmlosen oder abzuwehren, häufig von therapeutischer Seite. Auch die öffentliche Jugendhilfe reagiert ähnlich: Die Jugendämter, welche die Verantwortung für mögliche kostenträchtige Interventionen haben, sind sich nicht bewusst, dass es sich um ein Kinderschutzthema handelt, das zu den Zuständigkeiten des Amtes gehört. Die Bedeutung dieser Einstellung ist dramatisch: „Kompetenter Rat und wirksame Hilfe ist kaum zu finden. Nicht zuletzt, weil offensichtlich nicht sein kann, was nicht sein darf."[29]

Wenn auch die Grundhaltungen von Liberalität oder Abwehr im pädagogischen und therapeutischen Bereich ähnlich sind, gibt es doch gravierende Unterschiede, wenn es um die Folgen dieser Einstellung beim weiteren Umgang mit den kindlichen Tätern bzw. übergriffigen Kindern geht.

Folgen der Tabuisierung

Im therapeutischen Bereich führt die Tabuisierung sexueller Übergriffigkeit durch Kinder zu fehlenden und zu unangemessenen Hilfeangeboten. Dies drückt sich einerseits eben darin aus, dass es nur wenige TherapeutInnen gibt, die mit diesen Kindern arbeiten. Andererseits negieren viele von denen, die es dennoch tun, den eigentlichen Anlass, das übergriffige Verhalten. Sie konfrontieren weder sich noch das Kind mit diesem Verhalten, blenden also einen wichtigen Teil der Person aus. Dies hat keine methodischen Gründe, sondern eher persönliche: Bei aller Vielfalt an therapeutischen Methoden, Möglichkeiten und Lehrmeinungen „... hängt der Erfolg davon ab, ob wir eine gute Beziehung zu denen aufbauen können, denen wir helfen wollen." Es gibt nur „eine sehr begrenzte Anzahl von generellen Faktoren ..., über die Psychotherapie wirkt. ... Empathie; Zuwendung; menschliche ... Wärme im therapeutischen Kontakt; Sinngebung; positive Wertschätzung und Interesse; sinnstiftende Ausdeutung der Problemursachen; Stärkung der Selbstheilungskräfte und Ressourcen; Echtheit im Verhalten; aktive Hilfen und Unterstüt-

---

29 Meyer-Deters, Werner: Minderjährige sexuelle Missbraucher – Eine Herausforderung für die Jugendhilfe. In: Braun, Gisela u.a. (Hg.): Pädosexualität ist Gewalt – (Wie) Kann die Jugendhilfe schützen? Weinheim 2003, S. 79

zung."[30] Dieser Beziehungsaufbau gelingt zumeist nur unter der Bedingung, dass die „Täter"-Anteile vermieden und damit nicht bearbeitet werden. Durch dieses Vermeidungsverhalten vieler TherapeutInnen wird den übergriffigen Kindern die Hilfe versagt, die sie eigentlich benötigen, um ihr Verhalten zu verändern. Letztlich fehlt damit auch die Hilfe für die betroffenen Kinder, die ja von der Hilfe für das übergriffige Kind im Sinne der Wiederholungsprävention mittelbar profitieren. „Wir sind ... noch zu wenig bereit, sexuell aggressive Kinder ... hinreichend innerlich zu adoptieren".[31]

Die Mitarbeiterinnen und Mitarbeiter im pädagogischen Bereich, die genauso schwer wie die TherapeutInnen aushalten können, dass Kinder nicht nur sexuell aktiv, sondern auch sexuell übergriffig sein können, sind jedoch in einer anderen Situation. Sie kennen und mögen die Kinder, die jetzt ein solch schwieriges „Etikett" erhalten, bereits. Sie werden ihnen nicht zur Begutachtung oder Behandlung neu zugeführt. Sie haben die Kinder schon länger in ihrer Gruppe oder Klasse, kennen ihre Fähigkeiten und ihre Bedürftigkeit, ihre Probleme, ihre Stärken und ihre Hilflosigkeit.

Fast immer gehen sie davon aus, dass das übergriffige Kind selbst Opfer von sexuellem Missbrauch durch einen Erwachsenen sein muss, denn nur so können sie es überhaupt ertragen, dass ein Kind, mit dem sie den Alltag teilen, so etwas getan hat.

Das führt nach unserer Erfahrung in 95 Prozent der Fälle dazu, dass der Blick der PädagogInnen zunächst auf dem übergriffigen Kind und seinem Bedarf an Verständnis und Schutz vor Verteufelung ruht. Sie wünschen sich von den anderen Kindern und Erwachsenen Verständnis für dieses Kind, das offensichtlich ein Problem hat. Sie neigen deshalb zur Bagatellisierung und sehen kaum

---

30 Deegener, aaO, S. 371
31 Deegener aaO

eine Wiederholungsgefahr. Häufig empfinden sie die Eltern der betroffenen Kinder als überreagierend und hysterisch und fühlen sich durch sie zur Konfrontation und zum Handeln gezwungen. Deshalb suchen sie zunächst eine Beratung, von der sie sich versprechen, dass sie ihnen hilft, diese Stimmung wieder zu beruhigen und den Eltern von professioneller Seite zu erklären, dass alles „nicht so dramatisch" war.

Wo die TherapeutInnen vor dem Beziehungsaufbau zurückschrecken, fürchten also die PädagogInnen aus der bereits existierenden Beziehung heraus die Konfrontation mit dem Übergriff.

Beides hilft weder dem betroffenen noch dem übergriffigen Kind, denn angemessene Verarbeitung ist nur durch angemessenen fachlichen Umgang möglich, zu dem auch Sanktionierung gehört. Wenn dies nicht geschieht, besteht die Gefahr, dass das übergriffige Kind in eine „Täterkarriere" hineinwächst.[32] Dieses Hineinwachsen basiert auf dem Prinzip „Lernen durch Erfolg", wie es für die Anwendung von Gewalt bereits belegt ist: Wenn ein Verhalten sich „bewährt", es also

> Angemessene Verarbeitung ist nur durch angemessenen fachlichen Umgang möglich, zu dem auch Sanktionierung gehört. Wenn dies nicht geschieht, besteht die Gefahr, dass das übergriffige Kind in eine „Täterkarriere" hineinwächst.

hilft, sich auf diese Art besser, unabhängiger von Zurückweisungen, überlegener und machtvoller zu fühlen, dann wird das übergriffige Kind dies wieder erleben wollen und nach weiteren Gelegenheiten dafür suchen. So beginnt das planmäßige Herbeiführen von Situationen, die Übergriffe und die Auswahl von geeigneten Opfern ermöglichen.

Die andere Möglichkeit, auf die gedankliche Gleichsetzung von sexuellen Übergriffen unter Kindern und sexuellem Missbrauch zu reagieren, ist das Gegenteil von Übersehen und Verharmlosen, nämlich Dramatisieren und Polarisieren. Dabei werden Kinder ohne Ansehen der konkreten Motive und päda-

---

32 Fürniss, Tillmann: Aspekte zur spezifischen Therapie mit jugendlichen sexuellen Misshandlern. In: Höfling u.a. (Hg.): Auftrag Prävention. Offensive gegen sexuellen Kindesmissbrauch. München 1999, S. 383 f

gogischen Möglichkeiten als Täter bzw. Opfer erlebt und nach diesen Rollen-mustern behandelt. In der Folge kommt eine ähnliche Dynamik wie bei Miss-brauch in Gang: Schuldgefühle, Ohnmacht und Hilflosigkeit im erwachsenen Umfeld, der Wunsch nach schwersten Strafen, um dies zu kompensieren, Ver-teufelung des kindlichen „Täters" und Festschreibung des kindlichen „Opfers" auf diese Rolle. Diese Situation erlaubt kein angemessenes pädagogisches Handeln mehr, es gibt nur noch Reaktionen auf Aufregungen und Forderun-gen. Deshalb ist auch die zweite Abgrenzung, diejenige zu sexuellem Missbrauch, eine wichtige Voraussetzung für fachliches Handeln. Aus päda-gogischer Sicht macht es keinen Sinn, sexuelle Übergriffe unter Kindern als eine „Kinderversion" von sexuellem Missbrauch zu betrachten.

> **Aus pädagogischer Sicht macht es keinen Sinn, sexuelle Übergriffe unter Kin-dern als eine „Kinderversion" von sexuellem Missbrauch zu betrachten.**

Begrifflichkeit

Eine sexuelle Handlung unter Kindern ist immer dann als sexueller Übergriff zu bezeichnen, wenn sie, wie weiter unten noch ausführ-licher dargelegt wird, unter Ausnutzung eines Machtverhältnisses erzwungen wird. Der Begriff des sexuellen Missbrauchs sollte jedoch aus verschiedenen Gründen sexuellen Handlungen vorbehalten bleiben, die von Erwachsenen mit oder an Kindern verübt werden:

▶ Sexuelle Handlungen zwischen Kindern sind zunächst einmal sexuelle Aktivitäten, die nicht per se jemandem schaden. Nur wenn zusätzlich die Definitionsmerkmale Machtgefälle und Unfreiwilligkeit vorliegen, sind sie als sexuelle Übergriffe zu werten.

Sexuelle Handlungen Erwachsener mit oder an Kindern stellen dagegen immer sexualisierte Gewalt dar, weil sie aufgrund der fundamentalen Unterschiede zwischen kindlicher und erwachsener Sexualität der Ent-wicklung des Kindes immer schaden.

▶ Machtgefälle zwischen Kindern bzw. Gleichaltrigen sind nicht strukturell vorgegeben, sondern das übergriffigen Kind bedient sich einer vermeintlichen Überlegenheit aufgrund von Alter, Geschlechtszugehörigkeit, kultureller Zugehörigkeit, körperlicher oder geistiger Schwäche oder äußerlicher Merkmale des betroffenen Kindes und benutzt diese gesellschaftlich begünstigte Haltung, um ein Machtgefälle herzustellen.

Sexuellen Handlungen Erwachsener mit oder an Kindern liegt hingegen immer ein Machtmissbrauch zugrunde, da das Machtgefälle zwischen Erwachsenen und Kindern – ähnlich wie das Machtgefälle zwischen den Geschlechtern – strukturell gegeben und daher aus Sicht des Kindes unüberwindbar ist.

▶ Ob das Merkmal der Unfreiwilligkeit gegeben ist, hängt bei sexuellen Aktivitäten zwischen Kindern oft von der jeweiligen Situation, dem Zeitpunkt und dem persönlichen Verhältnis zwischen den beteiligten Kindern ab. Das heißt, ein und dieselbe sexuelle Handlung kann in einer bestimmten Situation durchaus auf freiwilliger Basis geschehen und in einer anderen Konstellation erzwungen worden sein, so dass sie als sexueller Übergriff gewertet werden muss.

Dagegen kann es eine Freiwilligkeit, also eine bewusste Zustimmung zu sexuellen Handlungen von Seiten des Kindes im Geschehen zwischen Erwachsenen und Kindern grundsätzlich nicht geben. Sexuelle Handlungen von Erwachsenen mit oder an Kindern sind seitens der Kinder immer unfreiwillig, weil diese aufgrund ihres Entwicklungsstandes die Tragweite von sexuellen Handlungen mit Erwachsenen nicht erfassen und ihnen folglich gar nicht zustimmen können. Hierin liegt ein weiterer bedeutsamer Unterschied zu sexuellen Handlungen zwischen Kindern.

In seltenen Fällen kann es vorkommen, dass sexuelle Übergriffe unter Kindern eine Dynamik annehmen, die derjenigen des sexuellen Missbrauchs vergleichbar ist. Den Definitionsbereich des sexuellen Missbrauchs berühren solche Fälle, in denen das übergriffige Kind Strategien wie ein erwachsener Täter verwendet oder in denen die Gefühlswelt eines betroffenen Kindes hinsichtlich Vertrauensverlust, Ohnmachterleben u.Ä.m. der Gefühlswelt eines erwachsenen Täters gleicht. Dennoch sollte auch in diesen Fällen eine Stigmatisierung des übergriffigen Kindes durch den Begriff sexueller Missbrauch unterbleiben. In den wenigen Fachpublikationen, die es zu sexuellen Übergriffen unter Kindern gibt, wird von „sexuell aggressiven Kindern", von „sexuellen Angriffen" oder von „sexuell aggressiver Impulsivität" gesprochen.[33]

Darüber hinaus sollten für die Einschätzung einer übergriffigen Situation auch juristische Maßgaben herangezogen werden: Der Gesetzgeber bietet mit der Altersgrenze von 14 Jahren für die Strafmündigkeit einen Anhaltspunkt dafür, bis zu welchem Alter an die Handlungen von Kindern andere Maßstäbe angelegt werden sollten, als sie für Erwachsene gelten. Dies gilt auch für den Begriff des sexuellen Missbrauchs. Er setzt als Straftatbestand ein Maß an Eigenverantwortlichkeit des Täters voraus, wie es einem Kind nicht unterstellt werden kann. Deshalb sollte diese Bezeichnung im Zusammenhang mit übergriffigen Kindern unter 14 Jahren nicht verwendet werden.[34]

> Der Begriff „Sexueller Missbrauch" setzt als Straftatbestand ein Maß an Eigenverantwortlichkeit des Täters voraus, wie es einem Kind nicht unterstellt werden kann, und sollte deshalb im Zusammenhang mit übergriffigen Kindern unter 14 Jahren nicht verwendet werden.

Auch eine Differenzierung in Unterbegriffe wie sexuelle Belästigung, sexueller Missbrauch, Vergewaltigung etc. ist aus pädagogischer Sicht nicht vorrangig und sinnvoll. Für die angemessene rechtliche Beurteilung jugendlicher oder erwachsener Sexualstraftäter ist die Zuordnung zu solchen Tatbestandsmerkmalen wichtig. Für das sexuell übergriffige Verhalten von Kindern im Kita- und

---

33 Romer, Georg: Kinder als Täter. In: Bange, Dirk / Körner, Wilhelm (Hg.): Handwörterbuch Sexueller Missbrauch, Göttingen 2002, S. 270 ff.

34 Diese Wahl der Begrifflichkeit wird in der therapeutischen Fachdiskussion nicht geteilt: Dort ist von sexuellem Missbrauch durch kindliche Täter, von kindlichen sexuellen Misshandlern u.Ä.m. die Rede.

Grundschulalter dagegen, das in pädagogischen Institutionen, aber auch unter Geschwistern oder im Freizeitbereich durchaus alltäglich ist, geht es nicht um diese Begrifflichkeiten und die entsprechenden juristischen Folgen. Hier geht es um anwendbare Grundlagen für pädagogische Maßnahmen (die gegebenenfalls von therapeutischen Maßnahmen flankiert werden können). Denn ganz überwiegend verbleiben die beteiligten Kinder im gemeinsamen pädagogischen Alltag. Dort werden sie beeinflusst und erzogen, und dort werden ihnen Werte und Grenzen vermittelt. Und genau in diesen Alltag, in dem die sexuellen Übergriffe geschehen sind, gehören Reaktionen auf sexuelle Übergriffe unter Kindern, schon hier müssen sie bearbeitet werden. Sie dürfen nicht so lange übergangen werden, bis sie sich als Verhaltensmuster verfestigt haben und unübersehbar geworden sind, so dass nur noch therapeutische oder juristische Maßnahmen möglich erscheinen.

Um dafür die Grundlage zu schaffen, sprechen wir deshalb nicht – wie bei anderen Fällen sexueller Gewalt – von Opfern und Tätern (oder Opfer- und Täterkind), sondern von betroffenen und übergriffigen Kindern. Genau genommen müsste die Rede sein von einem Kind, das von einem sexuellen Übergriff betroffen ist, bzw. von einem Kind, das einen sexuellen Übergriff verübt hat. Dies würde korrekt abbilden, dass es sich in solchen Fällen nicht um persönliche Merkmale handelt, sondern um Kinder, die sich situativ so verhalten haben und auf deren Verhalten nun reagiert wird. Allerdings ist eine solche Begrifflichkeit nicht alltäglich handhabbar, deshalb halten wir die sprachliche Verkürzung „betroffene und übergriffige Kinder" für angemessen und vertretbar.

Der fachliche Umgang verlangt u.a., möglichst alle Beteiligten, also z.B. auch die Eltern des übergriffigen Kindes, für eine gemeinsame Bearbeitung des Sachverhaltes zu gewinnen. Der Blick auf die Gesamtsituation darf keinesfalls verloren gehen, das Verständnis des gesamten Prozesses ist die Grundlage für wirksames Handeln der PädagogInnen. Dem steht eine Aufspaltung in Täter und Opfer in Anlehnung an sexuelle Gewalttaten Erwachsener erfahrungsgemäß entgegen. „Spaltungsphänomene haben in diesem Zusammenhang die Funktion, den emotionalen Druck des Betrachters zu reduzieren, und sind daher als Schutzmechanismen zu verstehen."[35] Dies ist jedoch eine unfachliche Haltung, die sich pädagogisches Personal nicht leisten kann.

Die Absicht, die wir mit diesen neuen Begrifflichkeiten verfolgen, ist nicht die Verharmlosung der Handlung, sondern die Wahrung der Interessen der Kinder, zuallererst des betroffenen Kindes und dann des übergriffigen Kindes, das möglicherweise auch Hilfe und Unterstützung braucht. Denn unserer Erfahrung nach heizen Begriffe wie Täter und Opfer die Atmosphäre in solchen Fällen unangemessen auf und erschweren den pädagogischen Umgang. Sie tragen beim Umgang mit sexuellen Übergriffen unter Kindern wesentlich zu einer dramatisierenden und überbordenden Dynamik bei, welche die Zuständigen überfordert und handlungsunfähig macht.

Denn die Eltern von übergriffigen Kindern, die als Täter bezeichnet wurden, wollen vor allem ihre Kinder vor diesem Etikett schützen und neigen folglich dazu, das Vorgefallene zu bagatellisieren, was immer zu Lasten der betroffenen Kinder geht. Und Eltern, die ihr betroffenes Kind nun unter der schwer wiegenden Beschreibung „Opfer" sehen müssen, verlieren leicht den Blick auf die Gesamtpersönlichkeit des Kindes und seine Fähigkeiten.

---

35 König, Gertrude: Täter – Opfer: eine hilfreiche Dichotomie? In: BAG Kinderschutzzentren (Hg.): Beziehungshungrig und grenzenlos – Sexuell aggressive Jungen zwischen Hilfe und Sanktion. Dokumentation Fachkongress 2003, S. 18

Ein sexueller Übergriff unter Kindern liegt dann vor, wenn sexuelle Handlungen durch das übergriffige Kind erzwungen werden bzw. das betroffene Kind sie unfreiwillig duldet oder sich unfreiwillig daran beteiligt. Häufig wird dabei ein Machtgefälle zwischen den beteiligten übergriffigen und betroffenen Kindern ausgenutzt, indem z.B. durch Versprechungen, Anerkennung, Drohung oder körperliche Gewalt Druck ausgeübt wird. Die zentralen Merkmale von sexuellen Übergriffen sind demnach Unfreiwilligkeit und Machtgefälle. Beide Merkmale können in vielfältigen Erscheinungsformen auftreten.

Unfreiwilligkeit

Die Unfreiwilligkeit markiert die Trennungslinie zwischen sexuellen Aktivitäten und sexuellen Übergriffen. Bei sexuellen Übergriffen werden Kinder von anderen zu sexuellen Handlungen gezwungen. Die sexuellen Handlungen werden den betroffenen Kindern aufgedrängt, sie werden dazu überredet, Handlungen vorzunehmen oder geschehen zu lassen, die sie in dieser Situation oder Konstellation oder auch grundsätzlich nicht wollen. Es spielt also keine Rolle, ob ein betroffenes Kind mit einem ganz anderen Kind sonst gerne diese Handlungen unternimmt oder ob es mit dem jetzt übergriffigen Kind in einer anderen Situation solche sexuellen Handlungen gerne, also freiwillig gemacht hat.

Wenn sich z.B. eine Schülerin beim Spiel „Jungen fangen Mädchen" gerne von einem Jungen, den sie mag, beim Gefangenwerden küssen lässt, hat sie sich nicht automatisch mit den Küssen jedes anderen Fängers einverstanden erklärt. Wenn ein Junge in der Kuschelecke in der Kita sich von seiner Freundin im Genitalbereich ansehen lässt, heißt das noch nicht, dass er damit einverstanden sein muss, wenn sie ihn am folgenden Tag auf die Toilette begleitet, um ihn beim Pinkeln zu beobachten. Das Vorverhalten des betroffenen Kindes darf nicht zum Maßstab der Bewertung seiner aktuellen Freiwilligkeit gemacht werden. Jedes Kind hat das Recht, zu jedem Zeitpunkt sein sexuelles Selbstbestimmungsrecht auszuüben.

> Unfreiwilligkeit markiert die Trennungslinie zwischen sexuellen Aktivitäten und sexuellen Übergriffen. Denn jedes Kind hat das Recht, zu jedem Zeitpunkt sein sexuelles Selbstbestimmungsrecht auszuüben.

Sexuelle Übergriffe können auch in einen Prozess zwischen den beteiligten Kindern eingebunden sein, der schwer zu durchschauen ist. Der oberflächliche, erste Eindruck „Die wollten doch alle mitmachen!" verstellt leicht den Blick auf eine differenzierte Betrachtungsweise. Denn manchmal verändert sich die Freiwilligkeit bei sexuellen Aktivitäten in ihrem Verlauf. Was einverständlich begann, wird gegen den Willen Einzelner fortgesetzt.

Die Unfreiwilligkeit lässt sich relativ problemlos feststellen, wenn das übergriffige Kind körperliche Gewalt anwendet, wenn z.B. der siebenjährige Thilo seine Mitschülerin Lena an die Wand drückt, um sie zu küssen. Aber es handelt sich auch um einen sexuellen Übergriff, wenn das übergriffige Kind den entgegenstehenden Willen des betroffenen Kindes einfach übergeht oder manipuliert, indem es Druck ausübt.

Fallbeispiel

Dem vierjährigen Sven gelang es, auf seine gleichaltrige Freundin Nadine Druck auszuüben. Sie war beim Doktorspiel nicht damit einverstanden, dass er ihr ein Spielzeugthermometer in den Po stecken wollte. Sven brachte jedoch die Behauptung „Das macht man so!" mit so viel Überzeugung vor, dass das Mädchen sich dieser Anweisung nicht entziehen konnte. Noch nach Monaten erinnerte sich Nadine daran, wie unangenehm ihr dieses Spiel war, dass aber dagegen nichts zu machen war, weil es ja normal war.

© verlag mebes & noack

In anderen Fällen wird das betroffene Kind mit Versprechungen geködert („Dann lade ich dich zu meinem Geburtstag ein", „Dann leihe ich dir meine Barbiepuppe") oder unter Druck gesetzt mit der Aussicht auf Anerkennung („Dann bist du mein Freund", „Dann darfst du nachher mitspielen") oder der Drohung, diese Anerkennung zu versagen („Wenn du nicht mitmachst, bist du ein Baby").

Die Art und Weise, wie Druck ausgeübt wird, kann bereits Einblick in die Erfahrungswelt des übergriffigen Kindes geben, denn auch gewalttätiges Verhalten ist erlernt – zu Hause, in der Einrichtung, in der Clique oder an verschiedenen Freizeitorten. Kinder, die die Erfahrung gemacht haben, dass Gewalt ein legitimes Mittel ist, um ihre Interessen durchzusetzen, greifen auf die gelernten Gewaltmuster eben auch dann zurück, wenn es darum geht, ihren Wunsch nach sexuellen Aktivitäten zu realisieren. Es kann aber auch ein direktes Weitergeben von Druck vorliegen: Um Druck auszuüben, verwenden z.B. manche Kinder Worte, die von erwachsenen Tätern von sexuellem Missbrauch stammen könnten: „Wenn du das machst, dann bist du mein Liebling!" oder Ähnliches. Solche Formulierungen können ein Hinweis darauf sein, dass das übergriffige Kind selbst Opfer von sexuellem Missbrauch war oder ist.

Situationen, in denen Druck angewendet wird, können den Anschein von Freiwilligkeit erwecken. Es liegt dann in der Verantwortung der PädagogInnen, aus ihrer guten Kenntnis der Mädchen und Jungen und der Dynamik in der Gruppe oder Klasse eine richtige Einschätzung bezüglich der Freiwilligkeit zu treffen. (Vgl. hierzu die Abschnitte „Die zutreffende Einschätzung der Situation" und „Schutz, Trost, Stärkung: Der Umgang mit dem betroffenen Kind" im Kapitel „Fachlicher Umgang mit sexuellen Übergriffen unter Kindern".) Auf jeden Fall gibt die Beschwerde eines betroffenen Kindes immer den entscheidenden Hinweis auf Unfreiwilligkeit. Deshalb zählen auch sexualisierte Beleidigungen zu den sexuellen Übergriffen, denn niemand lässt sich freiwillig beleidigen. Gewissheit über die Freiwilligkeit oder Unfreiwilligkeit können sich PädagogInnen bei uneindeutigen Situationen, die sie beobachten, auch dadurch verschaffen, dass sie die beteiligten Kinder aktiv ansprechen und fragen, ob alles in Ordnung ist.

In vielen Kitas gibt es ein eindeutiges Verbot, sich Gegenstände in Po oder Scheide zu stecken. Abgesehen davon, dass je nach Art des Gegenstandes (z.B. Legostein) ein Verletzungsrisiko besteht, das ein Verbot unumgänglich machen kann, gehen viele PädagogInnen davon aus, dass das Einführen von Gegenständen in Körperöffnungen generell ein sexueller Übergriff ist. Dies lässt sich jedoch nicht verallgemeinern, da das Einführen etwa eines ungefährlichen Spielzeugthermometers auch lediglich eine sexuelle Aktivität zur Erkundung dieser Körperöffnung sein kann. Es wird erst zu einem Übergriff und erfordert ein Verbot, wenn ein Kind dazu gezwungen wird.

In der Praxis ergeben sich häufig Probleme mit Situationen, in denen sich Kinder bei ihren LehrerInnen oder ErzieherInnen wegen eines sexuellen Übergriffs beschweren, die PädagogInnen sich aber handlungsunfähig fühlen, weil sie nicht ermitteln können, ob die sexuelle Handlung wirklich unfreiwillig war. Dies ist vor allem dann der Fall, wenn das übergriffige Kind einwendet, es habe nicht gemerkt, dass das andere Kind das nicht wollte.

So beteuert die fünfjährige Serpil, dass ihre Freundin Luise ja gar nicht gesagt hat, dass sie sie nicht an der Muschi anfassen darf. Abgesehen davon, dass es sich dabei manchmal, aber eben nicht immer, um eine Schutzbehauptung handelt, geht es dabei um die Frage, ob die Unfreiwilligkeit dem übergriffigen Kind bekannt sein muss, damit PädagogInnen eine sexuelle Handlung als Übergriff einschätzen können und darauf reagieren dürfen. Entscheidend für diese Einschätzung ist die subjektive Empfindung des betroffenen Kindes, weil sein Schutz Priorität hat. Dieser subjektive Maßstab ist vertretbar, wenn im weiteren Umgang mit der übergriffigen Situation das Problem der eventuell uneindeutigen Grenzsetzung berücksichtigt wird. Das bedeutet, dass zum einen die Maßnahmen für das übergriffige Kind daran orientiert sein müssen, wie es lernt, Grenzen anderer zu erkennen. Zum anderen soll das betroffene Kind ermutigt werden, zu seinem eigenen Schutz in Zukunft noch deutlicher seinen (Un-) Willen auszudrücken.

Das Definitionsmerkmal „Unfreiwilligkeit" ist auch ausschlaggebend für die Einschätzung, ob Masturbation vor anderen Kindern als sexueller Übergriff bewertet werden muss. Fühlen sich andere Kinder durch ein masturbierendes Kind gestört, sollte das Kind aus Rücksicht auf die Schamgrenzen der anderen dazu aufgefordert werden, mit dieser sexuellen Aktivität aufzuhören. (Vgl. hierzu den Abschnitt „Welcher pädagogische Umgang mit sexuellen Aktivitäten von Kindern ist sinnvoll?" im Kapitel „Kindliche Sexualität und Sexualerziehung".) Zum sexuellen Übergriff wird Masturbation aber dann (und verlangt entsprechende Maßnahmen), wenn die Überschreitung von Schamgrenzen mit der Masturbation bezweckt wird, wenn sie aggressiv eingesetzt wird, d.h. wenn das masturbierende Kind es darauf anlegt, dass die anderen unfreiwillig damit konfrontiert werden. Diese Fälle kommen fast ausschließlich bei Jungen vor, denn nur Jungen lernen in dieser Gesellschaft, dass sie ihre eigene Sexualität nutzen können, um andere zu ärgern oder zu demütigen. Wo Jungen so auftreten, müssen sie eine klare Einschränkung erfahren.

Bei entsprechenden Maßnahmen ist darauf zu achten, dass sie nicht die Botschaft vermitteln, dass Masturbation als sexuelle Handlung abgewertet wird. Die Jungen sollten vielmehr lernen, dass Masturbation der eigenen Lust dienen soll und nicht dazu, andere zu ärgern oder absichtlich zu beschämen. Nicht die Masturbation soll sanktioniert werden, sondern die bezweckte, erzwungene Konfrontation anderer damit.

Machtgefälle

Um sich über die Unfreiwilligkeit, den entgegenstehenden Willen des anderen Kindes, hinwegzusetzen, nutzt das sexuell übergriffige Kind häufig – aber nicht immer – ein bestehendes Machtgefälle zwischen sich und dem betroffenen Kind aus. Durch die Position der Überlegenheit gelingt es ihm, sexuelle Handlungen gegenüber dem anderen Kind durchzusetzen und dabei selbst ein Gefühl von Macht und Kontrolle zu erfahren.

Wo die Benutzung von Sexualität dem übergriffigen Kind diese Erfahrung ermöglicht, handelt es sich bei diesen Übergriffen um sexualisierte Gewalt. Die Sexualität steht nicht mehr allein im Mittelpunkt des Interesses, sondern die eigene Aufwertung auf Kosten der Abwertung des betroffenen Kindes kommt hinzu. In manchen Fällen wird das Motiv der eigenen Machterfahrung sogar zentral, und die Sexualität wird zum bloßen Mittel für diese Erfahrung. Deutlich wird diese Dynamik z.B. bei sexualisierten Schimpfwörtern („dreckige Nutte"), wo das Ziel der Selbstaufwertung durch die Abwertung des anderen Kindes erreicht wird. Ebenso deutlich ist die Demütigungsabsicht in dem eingangs erwähnten Fall, in dem der achtjährige Leo die Klobrille und das Poloch seines Mitschülers Jakob lecken musste. In solchen Fällen werden sexuelle Übergriffe häufig zusätzlich unternommen, wenn andere Formen der Abwertung dem übergriffigen Kind nicht (mehr) reichen.

Ein Machtgefälle zwischen Kindern ist häufig durch einen Altersunterschied gegeben. Ältere Kinder sind jüngeren nicht nur erkennbar kognitiv, in Einschätzungen und sozialen Kompetenzen ein Stück voraus, sondern auch körperlich überlegen. Da sich Jüngere oft an den „Großen" orientieren oder sie bewundern, von ihnen akzeptiert und gemocht werden wollen, begünstigt dies einen gewissen Grad an Bereitwilligkeit, sexuelle Übergriffe zu dulden. Ältere Kinder können jüngere leichter überreden, ihre Ahnungslosigkeit ausnutzen, sie unter Druck setzen und sie körperlich überwältigen. Allein die Angst vor der körperlichen Überlegenheit der Älteren kann ausreichen, um nicht gewollte sexuelle Handlungen zuzulassen. Welche Bedeutung Kinder der Kategorie Alter zumessen, lässt sich auch an einem häufig anzutreffenden Phänomen ablesen: Oftmals stellen sich Kinder beim Kennenlernen so vor, dass sie sich gegenseitig ihr Alter anstelle ihres Namens nennen! Das Alter des anderen Kindes zu wissen, heißt auch seine Bedeutung einschätzen zu können.

Ein Machtgefälle kann sich auch in der Beliebtheit und Unbeliebtheit innerhalb der Gruppe oder Klasse ausdrücken. Außenseiter, die auf Spielgefährten angewiesen sind, oder Kinder, die zu bestimmten Gruppen dazugehören wollen, müssen dafür einen „Preis zahlen", Dinge tun oder geschehen lassen, die sie eigentlich nicht wollen.

Ein Machtgefälle existiert häufig auch zwischen Jungen und Mädchen. Entsprechend der gesellschaftlichen Machtverteilung sind auch in Kita und Grundschule die Geschlechtsrollenmuster wirksam: Oft erleben sich Jungen selbst als überlegen und als „Bestimmer" und werden von den Mädchen auch so wahrgenommen. Insofern erstaunt es nicht, dass der Anteil der Jungen bei den übergriffigen Kindern bei drei Vierteln liegt. Bei den betroffenen Kindern sind Mädchen und Jungen in etwa gleich vertreten. Dies haben zumindest die Praxiserfahrungen von *Strohhalm* gezeigt; wissenschaftlich abgesicherte Erkenntnisse liegen hierzu leider noch nicht vor.

Entsprechend der gesellschaftlichen Machtverteilung sind auch in Kita und Grundschule die Geschlechtsrollenmuster wirksam. Insofern erstaunt es nicht, dass der Anteil der Jungen bei den übergriffigen Kindern bei drei Vierteln liegt.

Sexuell übergriffige Kinder nutzen auch gezielt die kognitive oder körperliche Unterlegenheit von Kindern mit geistiger oder körperlicher Behinderung aus. Deren Position der Unterlegenheit verstärkt sich in vielen Fällen noch dadurch, dass sie in Gruppen oft nur teilweise integriert sind und einen großen Wunsch haben, dazuzugehören, mitspielen zu dürfen, jemanden zum Freund zu haben. Die Erfahrung zeigt aber auch, dass in einzelnen Gruppensituationen dieses Machtgefälle auch auf dem Kopf stehen kann.

Fallbeispiel

In einer dritten Klasse werden Kinder mit und ohne Behinderungen gemeinsam unterrichtet. Der neunjährige Michael, der aufgrund frühkindlicher seelischer Traumata starke Verhaltensauffälligkeiten zeigt und deshalb den Status eines Integrationskindes hat, boxt bei Konflikten, aber auch ohne erkennbaren Anlass Mitschüler in den Bauch und fasst Mitschülerinnen in den Schritt. Die betroffenen Kinder werden von der Lehrerin aufgefordert, die Übergriffe nicht allzu ernst zu nehmen, weil es Michael schwer fällt, anders in Kontakt zu kommen. Michael erlebt außer dem Hinweis, dieses Verhalten bitte zu unterlassen, keine weiteren Maßnahmen.

In solchen Fällen tritt eine Schwächung der Kinder ohne Behinderung dadurch ein, dass sie von den PädagogInnen eher angehalten werden, Verständnis und Nachsicht zu zeigen, wenn sie körperliche oder sexuelle Übergriffe durch Kinder mit Behinderungen erleiden. Das gut gemeinte Motiv der PädagogInnen, Kindern mit Behinderungen so die Integration zu erleichtern, kann für die anderen Kinder eine unbeabsichtigte Folge haben: Sie sind dem übergriffigen Kind unterlegen, weil sie keine ausreichende Hilfe von Seiten der PädagogInnen zu erwarten haben.

Manche Mädchen oder Jungen mit Migrationshintergrund befinden sich im unteren Bereich der Hierarchie ihrer Klasse oder Kindergruppe, weil die anderen Kinder bereits die in ihren Familien und in der Gesellschaft verankerte Diskriminierungsbereitschaft verinnerlicht haben. Insbesondere wenn die Kinder aus Migrantenfamilien eine Minderheit im Klassengefüge oder in der Kindergruppe bilden, erleben sie von den anderen Kindern oft vielfältige Zurücksetzungen und Abwertungen. Wenn zudem die PädagogInnen dem nicht entgegenwirken, weil sie entweder zu wenig Sensibilität für diese Diskriminierung aufbringen oder sogar selbst (ggf. unbeabsichtigt) dazu beitragen, kann sich dieses Machtgefälle verfestigen. Die schwache Position dieser Kinder kann von den anderen Kindern dann auch für sexuelle Übergriffe ausgenutzt werden. In anderen Fällen ist jedoch auch zu beobachten, dass Kinder mit Migrationshintergrund, insbesondere Jungen, ihre Erfahrungen mit gesellschaftlicher Abwertung, die auf Dauer ihr Selbstwertgefühl beschädigt, dadurch kompensieren, dass sie sexuelle Übergriffe verüben und auf diesem Weg ihrerseits Gefühle von Stärke und Überlegenheit suchen.

Überschwang

Es gibt auch andere sexuelle Übergriffe, die eher im Überschwang geschehen, ohne dass ein Machtgefälle ausgenutzt wird. Solche sexuellen Übergriffe sind keine bewussten Grenzverletzungen und somit keine sexualisierte Gewalt – sie bleiben aber sexuelle Übergriffe, weil auch sie das sexuelle Selbstbestimmungsrecht von Kindern verletzen, und machen ein Einschreiten notwendig. Es sind Situationen, in denen Kinder im Rahmen von zunächst einverständlichen sexuellen Aktivitäten die Grenzen anderer verletzen und ohne Bedenken ihren Willen durchsetzen. Dieses Verhalten ist tendenziell eher bei jüngeren Kindern zu beobachten, deren sexuelle Neugier noch stärker ausgeprägt ist, weil sie Sexualität, die Geschlechtsunterschiede, ihren Körper und den Körper anderer erst kennen lernen. Hinzu kommt, dass sie aufgrund ihres Alters noch nicht ausreichend gelernt haben, dass ihre Bedürfnisse an den Bedürfnissen anderer ihre Grenzen finden.

Jüngere Kinder stehen noch am Anfang sozialen Lernens, ihnen fällt es noch schwerer, ihre Impulse zu kontrollieren und die Bedürfnisse anderer wahrzunehmen und zu respektieren. So wie ein dreijähriges Kind nur sein eigenes Interesse vor Augen hat, wenn es einem anderen das Spielzeug wegreißt, und noch keine Vorstellung davon entwickelt hat, wie das so behandelte Kind sich fühlt, so kann es auch bei sexuellen Erkundungen mit anderen deren Grenzen leicht überschreiten, weil es allein seiner Neugier folgt.

Fallbeispiel

Die beiden dreijährigen Jungen Sammy und Lars untersuchen sich in der Kuschelecke einer Kita im Genitalbereich, sie fassen sich gegenseitig am Penis an und probieren seine Beweglichkeit aus.

Die überstehende Vorhaut von Lars weckt Sammy´s Neugier, und er versucht, wie sehr man daran ziehen kann, obwohl sich Lars wehrt, weil es ihm weh tut.

Mit zunehmendem Alter der Kinder sinkt die Wahrscheinlichkeit, dass sexuelle Übergriffe im Überschwang geschehen. Grundschulkinder haben ein ausgeprägteres Bewusstsein von den Grenzen anderer und wissen längst, dass die rücksichtslose Durchsetzung ihres Willens die körperliche und seelische Integrität anderer verletzen kann. Leider wird auch bei älteren Kindern, vor allem bei pubertierenden Jungen, die sich sexuell übergriffig verhalten, oft angenommen, dass sich pubertäre Unsicherheit und Überschwang hinter dem Verhalten verstecken. In aller Regel ist diese Einschätzung unzutreffend, denn diese Fälle sind fast immer dadurch gekennzeichnet, dass das übergriffige Kind bzw. der übergriffige Junge ein bestehendes Machtgefälle nutzt, um ein Gefühl von Dominanz im sexuellen Bereich zu erleben.

> Sexuelle Übergriffe im Überschwang sind kein Anlass zur Entwarnung, denn junge Kinder dürfen nicht durch frühzeitige negative Erfahrung verinnerlichen, dass eine Einschränkung ihres sexuellen Selbstbestimmungsrechts durch andere legitim sei.

Sexuelle Übergriffe im Überschwang sind kein Anlass zur Entwarnung, d.h. auch wenn der sexuelle Übergriff keine sexualisierte Gewalt darstellt, muss reagiert werden. Zum einen müssen Kinder jedes Alters vor sexuellen Übergriffen durch andere geschützt werden, um ihre persönliche und sexuelle Entwicklung nicht zu gefährden. Junge Kinder dürfen nicht durch frühzeitige negative Erfahrung verinnerlichen, dass eine Einschränkung ihres sexuellen Selbstbestimmungsrechts durch andere legitim sei.

Zum anderen sollen übergriffige Kinder bereits in jungem Alter erfahren, dass auch im sexuellen Bereich die Grenzen anderer unbedingt respektiert werden müssen – was sie ja in anderen Bereichen auch täglich lernen, z.B. wenn sie das weggenommene Spielzeug nicht behalten dürfen.

Erfahren sexuell übergriffige Kinder, die im Überschwang so handeln, keine Reaktion, besteht überdies eine besondere Gefahr: Wenn sie mit ihrem sexuellen Übergriff Erfolg haben, spüren sie möglicherweise, dass sie nun tatsächlich mächtig aus der Situation hervorgegangen sind, obwohl Macht nicht ihr Motiv war. Diese Erfahrung kann in ein Muster münden, nämlich dass sie auch weiterhin Situationen herzustellen versuchen, in denen sie durch erzwungene sexuelle Handlungen an anderen ein Gefühl von Überlegenheit erleben können. Sie lernen, dass Sexualität ein Mittel ist, mit dem das leicht gelingt, und wachsen so in sexualisierte Gewalt hinein.

Weitere Definitionsmerkmale

Neben den beiden Definitionsmerkmalen Unfreiwilligkeit und Machtgefälle (aus den Ausführungen zu sexuellen Übergriffen im Überschwang ergibt sich, dass das Machtgefälle ein „weiches" Definitionsmerkmal ist) können zusätzliche Aspekte sexuelle Übergriffe unter Kindern kennzeichnen:

▶ **Geheimhaltungsdruck**

Übergriffige Kinder zwingen die betroffenen Kinder manchmal, das Vorgefallene geheim zu halten. Mit zunehmendem Alter der übergriffigen Kinder wird Geheimhaltungsdruck häufiger ausgeübt, weil ältere Kinder eher und meistens sehr genau wissen, dass sie Unrecht tun und mit Ärger oder Maßnahmen zu rechnen haben.

Hier ist jedoch zu beachten, dass Geheimhaltungsdruck allein noch keinen sexuellen Übergriff ausmacht. Denn gerade Kinder, denen alles Sexuelle verboten ist, die also keine erlaubten sexuellen Aktivitäten kennen, verlangen von anderen Kindern oft auch dann Geheimhaltung, wenn es zu einverständlichen, freiwilligen sexuellen Handlungen ohne Machtausübung kam.

In dem in der Einleitung beschriebenen Fall, in dem sich Burak, Memet und Hülya verabredeten, um sich gegenseitig ihre Geschlechtsteile zu zeigen, waren sie sich (lange bevor der sexuelle Übergriff stattfand) einig, dass das geheim bleiben muss, weil sie mit Strafen für ihr sexuelles Interesse durch ihre streng muslimischen Eltern rechneten.

▶ **Sexuelle Erregung**

Sexuelle Übergriffe können, müssen aber nicht der sexuellen Erregung des übergriffigen Kindes dienen. Während bei sexuellen Attacken wie Beschimpfungen oder „Eierkneifen" das Motiv der Überlegenheit durch die Abwertung und Demütigung des anderen im Vordergrund steht und sexuelle Erregung eher selten das Ziel ist, kann etwa das erzwungene Zeigenlassen der Genitalien durchaus eine solche Absicht mit einschließen. Bei allen Formen von Penetration mit dem Penis kann regelmäßig davon ausgegangen werden, dass sexuelle Erregung im Vordergrund des Interesses steht.

▶ **Praktizieren erwachsener Sexualität**

Das Praktizieren erwachsener Sexualität muss von der Imitation sexueller Praktiken unterschieden werden. Manchmal ist das vorzeitige Praktizieren von erwachsener Sexualität (vaginalem, oralem oder analem Geschlechtsverkehr) eine Folge von sexuellem Missbrauch.

Einige Opfer von sexuellem Missbrauch neigen dazu, andere Kinder zu solchen Praktiken zu zwingen. In äußerst seltenen Fällen, in denen zwei Kinder, die möglicherweise beide entsprechende Erfahrungen gemacht haben, einverständlich erwachsene Sexualpraktiken durchführen, wird man einen solchen Vorgang schwerlich als Übergriff bezeichnen können. Aber unabhängig davon, zu welcher Einschätzung man schließlich kommt, muss bei solchen Handlungen interveniert werden.

> Das vorzeitige Praktizieren erwachsener Sexualität verdrängt das ganzheitliche sinnliche Erleben des Kindes und führt zur Fixierung auf den Lustaspekt. Dadurch wird die sexuelle Entwicklung schädigend verkürzt.

Denn das Praktizieren von erwachsener Sexualität schadet den beteiligten Kindern, weil die eigene Qualität der kindlichen Sexualität als sinnliches Erleben damit eingeschränkt oder diese Entwicklungsphase sogar vorzeitig beendet wird. Wie bereits ausgeführt (vgl. hierzu das Kapitel „Kindliche Sexualität"), ist die kindliche Sexualität von Erforschungsdrang und Suche nach der eigenen Sexualität, vom Identitätsaspekt geprägt. Der Lustaspekt spielt zunächst eine untergeordnete Rolle.

Das vorzeitige Praktizieren erwachsener Sexualität überlagert und verdrängt diesen Identitätsaspekt und führt zur Fixierung auf den Lustaspekt, so dass die sexuelle Entwicklung schädigend verkürzt wird.

Zudem wird der sexuelle Erfahrungshorizont verengt, denn diese Kinder lernen, dass allein Geschlechtsverkehr erwachsene Sexualität ausmacht. Den betroffenen Kindern werden Entwicklungsmöglichkeiten vorenthalten.

Das bloße Imitieren von Praktiken erwachsener Sexualität hingegen gehört mitunter zu sexuellen Aktivitäten von Kindern und begründet nicht an sich sexuelle Übergriffe (es sei denn, andere Kinder werden dazu gezwungen). Allerdings kann auch hier ein Nachfragen sinnvoll sein, wenn Kinder ein zwanghaftes Interesse daran zeigen. Sollte sich herausstellen, dass Kinder das nachspielen, was sie im Elternhaus in Pornos oder Sex-Ratgebersendungen gesehen haben, müssen die Eltern in einem Elterngespräch auf ihre – auch gesetzliche – Verantwortung für den Jugendschutz aufmerksam gemacht werden.

Orientiert an der Fachliteratur zu sexuellem Missbrauch können auch sexuelle Übergriffe unter Kindern nach ihrer Intensität unterschieden werden.[36] Im Folgenden werden vier Stufen der Intensität skizziert, die sich von Stufe zu Stufe steigert – von weniger intensiven bis hin zu sehr intensiven sexuellen Übergriffen. Die weniger intensiven Übergriffe wirken dieser Skala zufolge ohne Berührungen (sog. Hands-off-Übergriffe), bei den intensiveren Handlungsformen spielt körperlicher Kontakt eine Rolle (sog. Hands-on-Übergriffe), der bei sehr intensiven Übergriffen das Eindringen in den anderen Körper umfasst.

1. Sexualisierte Sprache und Beleidigungen, verbale sexuelle Attacken, obszöne Anrufe
2. Unerwünschtes Zeigen von eigenen Geschlechtsteilen (Exhibitionismus), Voyeurismus und erzwungenes Zeigenlassen der Geschlechtsteile anderer Kinder, Aufforderung zum Angucken oder Anfassen
3. Gezieltes Greifen an die Geschlechtsteile anderer Kinder, Zwangsküssen, „Eierkneifen" und „Nippelattack", Frotteurismus[37]
4. Orale, anale, vaginale Penetration anderer Kinder mit Geschlechtsteilen oder Gegenständen

Allerdings folgt diese Betrachtungsweise von Intensität hauptsächlich einer eher juristischen, äußerlichen Logik: Je näher der Körperkontakt, desto intensiver wird die Handlung eingeschätzt. Auch die Intensität der Energie, die das übergriffige Kind bei seiner Handlung aufbringt und die zunimmt, je stärker es zu Handgreiflichkeiten übergeht, ist hier ablesbar.

---

36 in Anlehnung an Bange, Dirk/Deegener, Günther: Sexueller Missbrauch an Kindern, Weinheim 1996, S. 135
37 Frotteurismus bedeutet, sich am Körper eines anderen zur sexuellen Erregung zu reiben.

Wenn man diese Handlungen aber von ihrer Wirkung auf die Betroffenen her betrachtet, kann die Intensität auch anders eingeschätzt oder beurteilt werden. Die Situation etwa, in der obszöne Anrufe eintreffen, ist gemeinhin die als geschützt und sicher empfundene häusliche Atmosphäre. Die Angerufene ist allein am Telefonhörer, hört allein, was gesagt wird, rechnet beim ersten Mal überhaupt nicht mit so einem Übergriff in ihre Intimsphäre. Deshalb ist sie in der Regel erschrocken oder sogar schockiert und kann nicht angemessen – abwehrend oder selbst angreifend – reagieren. In der Folge kann sie in ihrer eigenen Wohnung Ängsten vor weiteren Anrufen ausgesetzt sein, wird möglicherweise sehr vorsichtig, lässt erst den Anrufbeantworter anspringen, findet das Telefonklingeln jetzt eher unangenehm, muss je nach Häufigkeit und Bedrohlichkeit Schritte einleiten, Maßnahmen überlegen, eben Hilfe holen. Dabei muss sie ihre Scham überwinden und über Peinliches reden, vielleicht sogar Ausdrücke wiederholen, die sie als verletzend und beschämend empfindet.

> Im Ergebnis können obszöne Anrufe, die von der Handlungsform her mangels Körperkontakt als wenig intensiv gelten, ausgesprochen intensive Folgen für die Betroffenen haben.

Häufig muss sie sich dann auch fragen lassen, wie es zu dieser Situation kommen konnte: Ist sie in ihrer Klasse so unbeliebt, verhält sie sich den Jungen gegenüber so „zickig", hat sie das gar provoziert oder nimmt sie das zu schwer? Sollte sie einfach darüber hinweggehen? Es ist möglicherweise schwer, das Empfundene nach außen zu bringen, es bleibt länger innen und wirkt weiter verletzend. Im Ergebnis können obszöne Anrufe, die von der Handlungsform her mangels Körperkontakt als wenig intensiv gelten, ausgesprochen intensive Folgen für die Betroffen haben.

Demgegenüber hat das „Zwangsküssen", das eindeutig mit körperlicher Gewalt, vielleicht auch mit Festhalten durch mehrere Kinder verbunden ist, einen anderen Erlebenscharakter. Das betroffene Kind ist in einer Gruppe, es kann lauthals protestieren (vielleicht gehört das sogar zum Spiel und steigert den Reiz). Was ihm getan wird, ist sichtbar und beschreibbar. Deshalb ist hier möglicherweise eine tendenziell geringere – weniger intensive – innere Kränkung oder Verletzung zu erwarten, obwohl die Handlungsform als intensiv eingeschätzt wird.

Die Verletzung und Demütigung durch sexualisierte Beleidigungen ist gerade für Jungen manchmal ein Mittel, um ihre Machtlosigkeit auf kaum riskante, eher feige Art zu wenden. Sie nutzen dann die Distanz dieser Hands-off-Methode, um sich aufzuwerten und eigene Macht herzustellen. Es ist einfach, so etwas zu tun, und das „Entgegenschleudern" oder Hinterherrufen von Schimpfworten wie „Nutte", „Fotze" oder „Ich fick deine Mutter" in der Öffentlichkeit macht die meisten Mädchen erst einmal sprachlos und beschämt. Trotzdem muss der verbale Angreifer in der Regel keine Zurechtweisung oder gar Konsequenzen erwarten. Deshalb erleben die betroffenen Mädchen zusätzlich zu der Beschämung ein Gefühl von Ohnmacht und tiefer Verletzung, das bei der Einschätzung der Intensität solcher Übergriffe zu berücksichtigen ist.

Auch die Perspektive auf die Zahl der betroffenen Kinder lässt eine andere Deutung von Intensität zu: Gerade die sexuellen Übergriffe ohne Berührungen können zu einer hohen Zahl von Betroffenen führen. So zitiert Deegener eine Untersuchung[38], in der es um sexuell aggressive männliche Personen zwischen 11 und 17 Jahren ging. Die mittleren Opferzahlen dieser Jungen waren bei den Übergriffen ohne Berührungen besonders hoch: Bei obszönen Telefonanrufen waren es im Durchschnitt 100, bei Voyeurismus 75,9 Opfer. Im Vergleich dazu hatten die Frotteuristen mit durchschnittlich 30,9 Opfern bei den Berührungsaktivitäten den höchsten Durchschnitt, alle weiteren abgefragten Übergriffsformen hatten zwischen einem und sieben Opfern.

Zum Aspekt des Überschwangs, der ein Merkmal bei sexuellen Übergriffen unter Jungen und Mädchen sein kann, sagt diese Kategorisierung nach Inten-

---

38 Abel, G./Osborn, C.A./Twigg, D.A.: Sexual Assault Through the Life Span. In: Barbaree, H.W./Marshall, W.L./Hudson, S.M. (Hg.): The Juvenile Sex Offender. New York 1993. Zitiert nach Deegener, aaO, S. 353

sität nichts aus. Denn Überschwang kann auch bei sehr „handgreiflichen" Übergriffen eine Rolle spielen. So neigen ja gerade jüngere Kinder bei ihren Erforschungsaktivitäten sehr stark zur Benutzung der Hände, um ihre und andere Körper zu erkunden, daran zu ziehen, fest zuzupacken, Gegenstände in Körperöffnungen zu stecken. Hingegen kann das Motiv der Machtausübung bereits bei den Handlungen der unteren Stufen auf der o.g. Intensitäts-Skala bereits bedeutsam sein. So gehört die Demütigung der Betroffenen, durch die sich das übergriffige Kind selbst aufwertet, z.B. zum Wesen der sexualisierten Beleidigungen, die ja als wenig intensive Übergriffe gelten.

Der Sinn dieser Kategorisierung, dieser Reihung nach Intensität, liegt aber auch in der Verdeutlichung der Bandbreite an Aktivitäten, die zu den sexuellen Übergriffen gehören. Dabei geht es nicht um die Unterscheidung nach harmlos und schwerer wiegend, sondern eher um die genannten inneren Zusammenhänge Diese legen dann zwingend nahe, auch bei weniger intensiven Übergriffen zu intervenieren. Denn hier gilt es bereits Grenzen zu setzen, Erfolgslernen zu verhindern, einem Einstieg in gesteigerte Übergriffe durch geeignete Maßnahmen vorzubeugen.

> Sexuelle Übergriffe beginnen eben schon bei sexualisierten Beleidigungen, bei der Sexualisierung der Atmosphäre durch die Alltäglichkeit verbaler Übergriffe. Verharmlosung ist der hier falsche Weg.

Sexuelle Übergriffe beginnen eben schon bei sexualisierten Beleidigungen, beim Benutzen von „Ausdrücken", bei der Sexualisierung der Atmosphäre durch die Alltäglichkeit solcher verbaler Übergriffe. Verharmlosung ist der hier falsche Weg.

Ein gewichtiger Grund, sexuelle Übergriffe zu verhindern und betroffene Kinder zu unterstützen, ist die Befürchtung, dass auch Handlungsweisen wie sexuelle Übergriffe, die nicht so schwer wiegend wie sexueller Missbrauch zu sein scheinen, seelische und körperliche Folgen für die betroffenen Mädchen und Jungen haben können. Welche Auswirkungen das konkret sind und unter welchen Bedingungen sie auftreten, diese Fragen werden bislang von der Forschung nicht beantwortet. Es gibt noch keine Studien, die über die Art, die Häufigkeit und die Schwere der Folgen von sexuellen Übergriffen unter Kindern Aufschluss geben könnten. Das aktuelle Forschungsinteresse konzentriert sich auf die Taten jugendlicher Sexualstraftäter. Daraus können nur bedingt Hinweise für unser Thema abgeleitet werden.

Jedoch ermöglichen unsere Erfahrungen mit sexuellen Übergriffen unter Kindern und unsere Arbeit gegen sexuellen Missbrauch Einschätzungen, wie es Kindern, die von Übergriffen durch andere Kinder betroffen sind, ergehen kann. Als schwere Folge sexueller Gewalt gilt die Traumatisierung. Sexueller Missbrauch an Mädchen und Jungen wird auch in Fällen, in denen keine körperliche Gewalt angewendet wurde, von WissenschaftlerInnen hinsichtlich der seelischen und körperlichen Auswirkungen ähnlich wie Folter, Kriegsneurosen, Gefangenschaft, Geiselnahme eingeschätzt.

„Als Trauma wird eine starke seelische Erschütterung durch äußere, auf die Person einwirkende, Einflüsse bezeichnet. Ein Ereignis wirkt dann traumatisierend, wenn es plötzlich mit großer Intensität, so gravierend, überwältigend über eine Person hereinbricht, dass natürliche Reaktionsmöglichkeiten, nämlich Flucht oder Kampf unmöglich sind. Im Kern jeder Traumatisierung finden sich Gefühle völliger Ohnmacht, Hilflosigkeit und des Ausgeliefertseins."[39]

---

39 Steinhage, Rosemarie: Personenzentrierte Psychotherapie in der Arbeit mit durch sexualisierte Gewalt Traumatisierten. In: Körner, Wilhelm/Lenz, Albert (Hg.): Sexueller Missbrauch, Band 1: Grundlagen und Konzepte. Göttingen 2004, S.381

Diese Beschreibung trifft in der Regel auf sexuelle Übergriffe unter Kindern nicht zu. Dies macht einen weiteren Unterschied zu sexuellem Missbrauch deutlich. Gerade was die Aspekte Ohnmacht und Ausgeliefertsein betrifft, gibt es ja einen grundsätzlichen Unterschied zwischen sexuellem Missbrauch und sexuellen Übergriffen: Sexueller Missbrauch ist dadurch gekennzeichnet, dass ein individuell und strukturell mächtigerer Erwachsener Gewalt ausübt, während bei sexuellen Übergriffen unter Kindern ausschließlich Kinder beteiligt sind. Zwischen ihnen liegen vielleicht einige Jahre Altersunterschied, aber keine Generation.

Auch wenn sie aus anderen Gründen unterschiedlich viel Macht haben, kann dieses augenblickliche Machtverhältnis durch das Einschreiten Erwachsener verändert werden.[40] In den Fällen von sexuellen Übergriffen im Überschwang erleben betroffene Kinder sogar in der Regel keine Ohnmachtgefühle, weil kein Machtgefälle ausgenutzt wird. Bei sexuellem Missbrauch hingegen bleibt der erwachsene Täter übermächtig: Er kann durch überzeugende Drohungen für Geheimhaltung sorgen, er erscheint Außenstehenden oft glaubwürdiger als ein Kind, er kann ihm besondere Zuwendung oder verpflichtende Geschenke geben oder es von den anderen isolieren. Er hat Einfluss auf die Lebenssituation des Kindes, indem er den Kontakt zu den Eltern nutzt oder Gerüchte in Umlauf bringt.

Doch auch kindliche Macht bei sexuellen Übergriffen wird nicht immer gebrochen: Geheimnisse bleiben gewahrt, weil ein übergriffiges Kind schreckliche Folgen androht und auf das betroffene Kind den Eindruck macht, es wäre in der Lage, das Angedrohte geschehen zu lassen. Der Druck bleibt bestehen, und die Übermacht des übergriffigen Kindes scheint dem betroffenen Kind unaufhebbar, weil kein Erwachsener bereit zu sein scheint, dem Treiben des übergriffigen Kindes ein Ende zu machen oder ihm sein Verhalten überhaupt zuzutrauen. In diesen seltenen Fällen sind durchaus auch schwerwiegende Erfahrungen im Sinne eines Traumas in Form von sexuellen Übergriffen unter Kindern möglich.

---

40 Wie im Abschnitt „Was brauchen die Kinder?" ausgeführt werden wird, ist deshalb die „symbolische Entmachtung" des übergriffigen Kindes beim fachlichen Umgang entscheidend.

Ob ein Kind durch einen sexuellen Übergriff Folgen erleidet, hängt von verschiedenen Faktoren ab:

Zunächst kommt es darauf an, mit welcher Intensität der Übergriff ausgeführt wird:

▶ Besteht der Übergriff in einer sexuell herabsetzenden Bemerkung?

▶ Ist der Übergriff mit einer unerwünschten Berührung oder sogar mit dem Eindringen in den Körper verbunden?

Aber auch die Frage, mit welcher Intensität der Übergriff erlebt wird, ist entscheidend:

▶ Ist das betroffene Kind an sexualisierte Schimpfwörter gewöhnt und benutzt es selbst auch welche, fühlt sich jedoch von dem speziellen Schimpfwort getroffen, oder wurde es damit völlig überraschend konfrontiert?

▶ Waren die gegenseitigen Berührungen im Genitalbereich für das Kind bis zu einer bestimmten Grenze in Ordnung und wurde diese Grenze dann überschritten, oder wurde es so angefasst in einer Situation, die völlig unerwartet kam?

Für die Folgen von sexuellen Übergriffen unter Kindern ist aber nicht nur der jeweilige Übergriff von Bedeutung, sondern auch der Lebenszusammenhang, der das Maß der Belastbarkeit mitbestimmt:

> Für die Folgen von sexuellen Übergriffen ist nicht nur der jeweilige Übergriff von Bedeutung, sondern auch der Lebenszusammenhang, der das Maß der Belastbarkeit des betroffenen Kindes mitbestimmt.

▶ Ist die Familie des Kindes stärkend und unterstützend, oder bleibt das Kind mit seinen Problemen oft alleine?

▶ Hat das Kind aufgrund seiner mangelnden Sexualerziehung grundsätzlich Schuldgefühle, weil es an etwas Sexuellem beteiligt war, das es nicht einordnen kann, oder verfügt es über die notwendigen Kompetenzen, um sexuelles Interesse von sexuellen Übergriffen unterscheiden zu können?

▶ Fühlt sich das Kind in seiner Familie und in der Gruppe oder Klasse mit seinen Empfindungen wahrgenommen, oder ist es gewohnt, dass es sich „nicht so anstellen" soll, wenn ihm etwas nahe geht oder es sich verletzt fühlt?

▶ Gibt es bereits Regeln und Grenzen, die gegen andere Bedrohungen Sicherheit vermitteln und so ein stabileres Lebensgefühl möglich gemacht haben, oder herrscht in den Lebenszusammenhängen des Kindes ohnehin das „Gesetz des Stärkeren"?

▶ Passt das, was durch den Übergriff „gelernt" wurde, zu den familiären oder gruppeninternen Haltungen, oder steht es dazu in krassem Gegensatz?

Solche Vorerfahrungen sind für Kinder schwächend oder stärkend; sie sind mit ursächlich dafür, wie ein Kind sexuelle Übergriffe erlebt und verarbeitet. Von wesentlicher Bedeutung für die Ausprägung länger anhaltender Störungen ist natürlich auch die nachträgliche Unterstützung:

▶ Ist jemand auf den sexuellen Übergriff aufmerksam geworden, konnte sich das betroffene Kind anvertrauen, wurde ihm geglaubt, wurde es getröstet?

▶ Hat sich niemand darum gekümmert, wurde der Vorfall bagatellisiert oder die Schuld daran dem betroffenen Kind gegeben?

▶ Haben die pädagogischen Fachkräfte das Unrecht benannt und Maßnahmen zu seinem Schutz veranlasst, oder fehlte solche Unterstützung und blieb das betroffene Kind allein mit seiner verstörenden Erfahrung?

▶ Orientierte sich die Reaktion an den Gefühlen und der Situation des betroffenen Kindes, oder erlebte es eine überbordende Unterstützung, die das Ereignis verschlimmert und übermäßig hoch bewertet hat, so dass das betroffene Kind von nun an mit dem Etikett „Opfer" versehen ist und seine Ressourcen nicht mehr wahrnehmen kann?

▶ Konnte sich das betroffene Kind als aktiv im Umgang mit dem Vorfall erfahren, wurde es für seine Abwehrstrategien gelobt?

▶ Hat das Kind erlebt, dass aus Anlass seiner Beschwerde zum Schutz aller Kinder neue Regen geschaffen wurden, oder wurden ihm Vorhaltungen gemacht, dass es überhaupt soweit kommen konnte?

> Die Qualität des Umgangs mit sexuellen Übergriffen ist entscheidend dafür, ob und welche seelischen Folgen der sexuelle Übergriff für das betroffene Kind hat. Schlimmstenfalls kann ein unfachlicher Umgang die Folgen verstärken oder sogar verursachen.

▶ Wird das betroffene Kind zu seinem „Schutz" nun selbst eingeschränkt, oder wird es nun dafür verantwortlich gemacht, dass einschränkende Regeln für alle gelten?

Die Qualität des Umgangs mit sexuellen Übergriffen unter Kindern ist also entscheidend dafür, ob und welche seelischen Folgen der sexuelle Übergriff für das betroffene Kind hat. Schlimmstenfalls kann der unfachliche oder ignorierende Umgang die Folgen verstärken oder sogar selbst bewirken.

Im Folgenden werden einige Folgen von sexuellen Übergriffen skizziert, wie sie in der Praxis beobachtet wurden:

Angst

Manche Kinder reagieren ganz direkt: Sie haben Angst vor dem übergriffigen Kind, wollen nicht mehr mit ihm spielen oder es nicht mehr besuchen, fürchten sich vor ähnlichen Situationen und weigern sich plötzlich, in die Kita oder Schule zu gehen, verstecken sich morgens wieder hinter der Mutter.

Wenn sie über den Grund nicht sprechen können, weil sie sich abhängig fühlen, unter Geheimnisdruck stehen oder wenig Vertrauen zu den zuständigen Erwachsenen haben, können auch diffuse Ängste, deren Ursache zunächst nur schwer erkennbar ist, entstehen. Nächtliches Schreien weist vielleicht auf Albträume hin. Die achtjährige Lisa, die in der Schule einnässt, traut sich vielleicht nicht mehr aufs Klo, weil ihr dort etwas Verstörendes passiert ist.

Angst vor einem übergriffigen Kind kann sich auch in scheinbar umgekehrtem Verhalten äußern: Sie kann eine besondere Bindung fördern und zementieren.

Das betroffene Kind erlebt eine sogartige Wirkung, gerät in Abhängigkeit von dem übergriffigen Kind, kann sich allein nicht von ihm lösen.

Der vierjährige Felix schrie allnächtlich, wenn er aus Albträumen erwachte. Seine Mutter konnte aus seinen gestammelten Äußerungen entnehmen, dass es um seinen engsten Freund Bruno ging und dass zwischen den beiden etwas vorgefallen sein musste, was offenbar noch andauerte. Felix war jedoch nicht von seinem Freund abzubringen, spielte in der Kita und zu Hause ausschließlich mit ihm, war ihm treu ergeben. Erst als die Mutter die Verantwortung übernahm, aus Anlass einer Geburtstagseinladung Felix verbot, den „Freund" einzuladen, und auch weiterhin für getrenntes Spielen sorgte, konnte Felix entspannen. Er war wider Erwarten zufrieden mit dieser Entscheidung, konnte sich distanzieren, ohne direkt dafür verantwortlich zu sein, denn „Mama hat das verboten". Die nächtlichen Ängste hörten auf. Gerade solche direkten und indirekten Ängste treten nach einer gelungenen Intervention in der Regel nicht auf.

Störungen der sexuellen Entwicklung und des Selbstwertgefühls

Eine entwicklungsverzögernde Folge von sexuellen Übergriffen ist Scham als Reaktion auf alles Sexuelle. Sexualität und alles, was dazu zu gehören scheint, wird nun abgelehnt und nicht mehr neugierig darauf geprüft, ob es eine sinnliche Bereicherung oder Erweiterung der Kommunikationsmöglichkeiten bringen kann. Die sexuelle Identitätsentwicklung samt Aufbau von persönlichen Grenzen kann durch solche unangemessene Scham eingeschränkt werden.

Andere seelische Verletzungen können sich als Zerstörung von solchen Schutzmechanismen auswirken, die der Abwehr von Beleidigungen und Abwertung dienen. Jede verbale sexuelle Aggression dringt dann bis ins Innere durch, jede

Abbildung von Nacktheit wird als persönlicher Angriff erlebt, das Selbstwertgefühl ist durch oberflächliche Impulse immer wieder bedroht. Ist das Selbstwertgefühl eines Kindes bereits im Vorfeld beschädigt, so kann das Gefühl der Minderwertigkeit durch solche weiteren Beschädigungen verfestigt und das negative Selbstbild verstärkt werden. Sich als Opfer zu erleben, kann so regelrecht zu einem Lebensgefühl werden.

Körperliche Verletzungen

Bei heftigerer Gewaltanwendung kann es auch zu körperlichen Verletzungen kommen. Das gewaltsame Zurückziehen der Vorhaut kann bei Vorhautverengung (die ja bei kleinen Jungen häufig vorkommt) zu Rissen in der Vorhaut und Entzündungen führen. Wenn ein Gegenstand, etwa ein Legostein, ins Poloch gesteckt wird, kann es Verletzungen am After geben. Bei vaginaler Penetration kann das Jungfernhäutchen beschädigt werden. Blaue Flecken und Schürfwunden sind bei sexuellen Übergriffen oft die schmerzhaften Folgen heftiger Abwehr.

Ausprägung eines verzerrten Rollenverständnisses

Insbesondere für Mädchen haben sexuelle Übergriffe durch Jungen häufig zur Folge, dass sie ein fatales Verhaltensmuster lernen. Sie erhalten z.B. in Fällen, in denen sie nur zum Mitspielen bei sexuellen Spielen aufgefordert werden, die Botschaft: „Du bist nur dann von Interesse, wenn du dich sexuell zugänglich zeigst." Da diese Botschaft mit dem auf Körperlichkeit und sexuelle Verfügbarkeit verengten Frauenbild korrespondiert, dem die Mädchen ständig begegnen, gibt es hier eine persönliche und direkte Verstärkung solcher Inhalte. Dies funktioniert auch, wenn die Mädchen durch Zugänglichkeit für oder Spaß an verbalen Übergriffen Zuwendung erhalten, wenn sie gelernt

> Insbesondere für Mädchen haben sexuelle Übergriffe durch Jungen häufig zur Folge, dass sie ein fatales Verhaltensmuster lernen. Sie erhalten die Botschaft: „Du bist nur dann von Interesse, wenn du dich sexuell zugänglich zeigst."

haben, dass es für die Anerkennung durch Jungen auf die Bereitschaft an-
kommt, bei sexuellen Übergriffen stillzuhalten.

Doch auch für Jungen ist das Erlernen eines solchen Rollenbildes von Mädchen und Frauen kein Gewinn. Sie entsprechen als „Aktive", als grenzverlet-
zende Jungen damit zwar gewissen gesellschaftlichen Normen, stoßen jedoch
andererseits an Grenzen. Denn zum einen ist ein solches Bild nicht mehr
selbstverständlich für jedes Männerleben zu realisieren, weil viele Frauen sich
mittlerweile daraus gelöst haben. Zum anderen verlieren sie die wichtige
Erfahrung, durch den respektvollen Umgang mit Mädchen Teil eines gleich-
wertigen Geschlechterverhältnisses sein zu können, das ohne die Zumutung
von Selbstaufwertung durch Abwertung von Mädchen auskommen kann.

Aneignung von Gewaltmustern

Eine andere Folge wurde bereits angesprochen: Manche
Kinder können die erlebten Übergriffe nicht anders verarbeiten, als sie auszua-
gieren, indem sie selbst sexuelle Übergriffe an schwächeren Kindern initiieren.
Eine ähnliche, sekundäre Gefährdung besteht für Kinder, die Zeugen solcher
Übergriffe und der daraus entstehenden Atmosphäre werden, wenn diese folgenlos bleiben: Sie lernen, dass sich sexuelle Übergriffe „lohnen", dass sie ein
geeignetes Mittel sind, um sich auf Kosten anderer stärker zu fühlen.

Von PädagogInnen wird häufig zuerst oder ausschließlich vermutet, dass ein übergriffiges Kind zuvor selbst Opfer von sexuellem Missbrauch geworden ist – dies gilt vor allem bei intensiveren Übergriffen im Sinne von Handgreiflichkeiten oder Machtausübung. Getragen vom Mitgefühl für ein kindliches Missbrauchsopfer, wird der Fokus für das weitere Vorgehen auf das übergriffige Kind gerichtet, sein Verhalten hauptsächlich als Signal oder Hilferuf interpretiert, die Reaktion möglicherweise einseitig an dieser Vermutung orientiert. Dies wirkt sich meist unmittelbar auf den Umgang mit dem betroffenen Kind und mit der Kindergruppe oder Klasse aus, nämlich in Form von Unsicherheit, wie ein angemessenes pädagogisches Verhalten, das die Interessen aller Beteiligten und der Institution berücksichtigt, aussehen kann.

Wenn ein solcher Verdacht nahe liegt oder einschlägige Erfahrungen des übergriffigen Kindes bereits bekannt sind, ist besondere fachliche Sorgfalt geboten, um das Kind nicht zu gefährden. Das bedeutet jedoch keineswegs, dass die Intervention auf Kosten des betroffenen Kindes oder der Gruppe oder Klasse gestaltet werden muss (vgl. hierzu den Abschnitt „Was brauchen die Kinder? – Geeignete Reaktionen und Maßnahmen" im Kapitel „Fachlicher Umgang mit sexuellen Übergriffen unter Kindern). Es ist jedoch hilfreich und fachlich geboten, andere mögliche Ursachen für das Verhalten sexuell übergriffiger Jungen und Mädchen in Betracht zu ziehen.

Eigene Betroffenheitserfahrung

Die Erfahrung zeigt, dass sich Kinder häufig sexuell übergriffig verhalten, weil sie selbst von anderen Kindern so angegangen wurden und das direkt weitergeben. Sie kompensieren damit ihre eigenen Betroffenheitserfahrungen und die daraus resultierenden Ohnmachtgefühle, zeigen vielleicht auch, wie „cool" sie damit umgehen können. Sie lernen dieses Verhalten. Möglicherweise finden sie so auch Zugang zu einer Gruppierung von übergriffigen Kindern innerhalb der Kita oder Schule. Aus diesem Muster entstehen übergriffige Atmosphären oder regelrechte „Epidemien" von sexuellen Übergriffen innerhalb einer Kita oder Schule. In solchen Fällen sind übergriffige Kinder zugleich selbst betroffen, was die pädagogischen Fachkräfte vor große Schwierigkeiten stellt (vgl. hierzu den Abschnitt „Schutz, Trost, Stärkung: Der Umgang mit dem betroffenen Kind" im Kapitel „Fachlicher Umgang mit sexuellen Aktivitäten unter Kindern").

Gesellschaftliche Muster

Es gibt auch gesellschaftliche Muster, die übergriffiges Verhalten begünstigen. Bereits sehr junge Kinder, die in dieser Gesellschaft mit ihren Medien- und Herrschaftsbotschaften aufwachsen und mit den dadurch beeinflussten Erwachsenen und Jugendlichen leben, nehmen unbewusst wahr, dass man sich gerade im sexuellen Bereich auf Kosten Schwächerer stark fühlen kann. Vor diesem unbewussten Hintergrund ist es möglich, dass Kinder, denen es eigentlich um die eigene Aufwertung durch Abwertung anderer Kinder geht, nicht nur allgemein deren körperliche und seelische Grenzen überschreiten, sondern gerade auch sexuell übergriffig werden.

> Bereits sehr junge Kinder, die in dieser Gesellschaft mit ihren Medien- und Herrschaftsbotschaften aufwachsen, nehmen unbewusst wahr, dass man sich gerade im sexuellen Bereich auf Kosten Schwächerer stark fühlen kann.

Darüber hinaus gibt es auch psychosoziale Hintergründe, vor denen diese Erfahrungen und Muster besonders intensiv wirken und die die Wahrscheinlichkeit erhöhen, dass Kinder diese übergriffige Art von Bedürfnisbefriedigung oder Konfliktlösung wählen. Eine Vielzahl von Untersuchungen befasst die sich mit den Motiven sexuell aggressiven oder abweichenden Verhaltens von Kindern und Jugendlichen. Allerdings liegt der Fokus dabei nicht auf den übergriffigen Kindern, um die es im pädagogischen Alltag geht und auf die sich dieses Buch konzentriert.

Es geht auch nicht um die ganze mögliche Bandbreite der Handlungen, sondern um sehr intensive, auffällige und gewalttätige Formen von Übergriffen, die oftmals bereits den Tatbestand verschiedener Sexualstraftaten erfüllen. Das wird daran deutlich, dass in den meisten Fällen, die untersucht wurden, Interventionen durch Jugendämter oder Strafverfolgungsbehörden bereits erfolgt waren, die sexuell aggressiven Jungen sich bereits in Therapie- oder mindestens Beratungskontexten befunden hatten. Wenn es bislang auch keine Untersuchungen zu den Motiven sexuell übergriffiger Kinder im pädagogischen Alltag gibt, so ist es doch sinnvoll, die Ergebnisse der vorliegenden Untersuchungen zu betrachten, weil sie Ableitungen erlauben, welche Ursachen sexuell übergriffigem Verhalten zugrunde liegen könnten. Eine Zusammenfassung dieser Untersuchungsergebnisse ergibt folgendes Bild:

▶ Jungen, die schwer wiegende sexuelle Übergriffe verübt haben, sind einer Vielzahl von problematischen Lebenssituationen ausgesetzt, „... welche seit langem als bedeutsame Risikofaktoren für die gesunde Entwicklung von Kindern ... angesehen werden. Dies sind ... u.a. chronische Disharmonie in der Familie, Beziehungsabbrüche, unterschiedlichste Formen der Kindesmisshandlung, niedriger sozioökonomischer Status, große Familien mit sehr wenig Wohnraum, Armut und psychische Störungen eines Elternteiles."[41]

▶ Eine häufig zitierte Untersuchung von 1997[42] ermittelte 18 Risikofaktoren, die zu Täterverhalten führen können. Dabei steht selbst erlebter sexueller Missbrauch erst an dreizehnter Stelle der Häufigkeitsskala. Vorrangig – und damit von höherer Bedeutung – nennt diese Skala beispielsweise die fehlende tragfähige Beziehung zu den Eltern, wenig Zeit und Interesse der Eltern für die Kinder, Alkohol-, Sucht- und seelischnervliche Probleme der Eltern und auch die oben genannten Problemlagen der Unterschichtfamilien.

---

41 Deegener, Günther: Sexuell aggressive Kinder und Jugendliche – Häufigkeiten und Ursachen, Diagnostik und Therapie. In: Höfling u.a. (Hg.): Auftrag Prävention. Offensive gegen sexuellen Kindesmissbrauch. München 1999, S. 365

42 Egle, U.T./Hoffmann, S.O./Steffens, M.: Pathogene und protektive Entwicklungsfaktoren in Kindheit und Jugend. In: Egle, U.T./Hoffmann, S.O./Joraschky, P. (Hg.): Sexueller Missbrauch, Misshandlung, Vernachlässigung. Stuttgart 1997, zitiert nach Deegener aaO, S. 367

▶ Einen weiteren Risikofaktor stellen „sexuelle Missbrauchserfahrungen der Mütter" dar[43] – also die Weitergabe unverarbeiteter Traumatisierungen an die nächste Generation – und ein „sexualisiertes Familienklima mit labilen Grenzen und wechselnde Intimbeziehungen der Eltern", d.h. Faktoren, die im weitesten Sinne als innerfamiliale Lernerfahrungen wirken.

Diese Faktoren beeinflussen und verstärken sich gegenseitig, indem sie Gefühle und damit Erleben und Reaktionen dieser Kinder vorformen. Allerdings weisen sie größtenteils auf die Zugehörigkeit zu Familien mit komplexen Problemlagen hin, die eher der Unterschicht angehören. Ob dies die Bandbreite der Probleme übergriffiger Kinder im pädagogischen Bereich ausreichend erfasst, muss bezweifelt werden.

Die genannten Untersuchungsergebnisse sind wohl eher in dem bekannten Zusammenhang zu sehen, dass diejenigen übergriffigen Kinder leichter „erwischt" und damit in solchen Untersuchungen erfasst werden, die sowieso auffällig sind und von ihren Eltern nicht so „geschützt" werden können.

> Einschlägige Untersuchungen legen nahe, dass die herausgehobene Bedeutung von selbst erlebtem sexuellem Missbrauch als wesentliche Ursache für späteres übergriffiges Verhalten nicht gerechtfertigt ist.

Demzufolge würde selbst der Fall des dreizehnjährigen Johannes, der auf einer Klassenfahrt eine Mitschülerin anal vergewaltigt hatte, in diesen Zahlen nicht auftauchen: Seine Eltern hatten umgehend ärztliche Gutachten über seine Erektionsunfähigkeit erstellen lassen und anwaltliche Anweisungen an die Schulleitung organisiert, um ihren Sohn zu schützen. Der bürgerliche familiäre Hintergrund kann also auch bei diesem Thema „helfen", trotz intensivster Anwendung sexueller Gewalt die notwendige pädagogische Intervention zu vereiteln.

---

43 Romer, Georg/ Graf Schimmelmann, Benno: Kinder als „Täter" – Diagnostik und Therapie bei nicht strafmündigen sexuell aggressiven Jungen. In: Körner, Wilhelm/Lenz, Albert (Hg.): Sexueller Missbrauch, Band 1: Grundlagen und Konzepte. Göttingen 2004, S. 435 ff.

Insgesamt legen diese Untersuchungen mit ihren eindeutigen Tendenzen jedoch nahe, dass die herausgehobene Bedeutung von selbst erlebtem sexuellem Missbrauch als wesentliche Ursache für späteres übergriffiges Verhalten nicht gerechtfertigt ist.

Für den alltäglichen fachlichen Umgang kann dieses Wissen entlastend wirken. In vielen Fällen sind die Befürchtungen von PädagogInnen unnötig, dass hinter jedem sexuellen Übergriff automatisch ein Fall von sexuellem Missbrauch steckt.

Männliches Rollenverständnis

Für Jungen wurde noch ein spezieller Risikofaktor ermittelt, nämlich dass sexuell aggressives Verhalten wahrscheinlicher ist, „... wenn gleichzeitig auch traditionelle Vorstellungen von Männlichkeit" bestehen. „Wenn Jungen also folgende Aspekte bereits als Haltung und Wertmaßstäbe in ihre Vorstellung von ihrer alltäglichen Jungenrolle übernommen haben, steigt die Bereitschaft zur Ausübung von sexueller Gewalt:

- sexuelle Aktivität als Gradmesser von Männlichkeit, von psychosozialer Potenz;
- Sexualisierung von Beziehungen, von Bedürfnissen, von Aggression;
- Entwertung des weiblichen Geschlechts und dessen Verfügbarkeit als Blitzableiter, Sündenbock- und Sexualobjekte;
- Gleichsetzung von Männlichkeit mit Macht, Kontrolle und Dominanz; Verdrängung der Gefühlswelt.[44]

Da es sich bei diesen Haltungen und Wertmaßstäben um durchaus „gültige Männlichkeitskonzepte" handelt, sind dies eben weitgehend normale – im Sinne von der vorfindlichen Norm entsprechende – in das alltägliche Handeln

---

44 Deegener, aaO., S. 367
45 Heiliger, Anita/Engelfried, Constance: Sexuelle Gewalt. Männliche Sozialisation und potentielle Täterschaft. Frankfurt am Main 1995

von Männern und in das gesellschaftliche Selbstverständnis eingebundene Elemente, die entweder für die Ausübung sexueller Gewalt verantwortlich sind oder sie zumindest stützen, legitimieren und mit tragen.[45]

Auch nach unseren Erfahrungen neigen Jungen stärker zur Weitergabe von erlittener Gewalt. Dies ist ein Aspekt männlicher Sozialisation, der es den Jungen schwerer als den Mädchen macht, Opfererfahrungen zu verarbeiten. Die erlittene Demütigung widerspricht so sehr dem männlichen Rollenbild, dass Jungen oft alles dafür tun, um gesellschaftlichen Klischee wieder zu entsprechen. Mangelndes Mitgefühl und gewalttätiges „Lösen" von Konflikten sowie gewalttätiges Ausagieren in Form sexueller Übergriffe auf Schwächere haben so auch schon bei kleinen Jungen gesellschaftliche Ursachen.

Die Bedeutung der Geschlechtszugehörigkeit für die Ausübung sexueller Übergriffe wird auch nach unseren Erfahrungen deutlich: So waren in rund drei Viertel der beratenen Fälle die übergriffigen Kinder Jungen, während sie bei den betroffenen Kindern etwa die Hälfte stellen.

FACHLICHER UMGANG MIT SEXUELLEN ÜBERGRIFFEN UNTER KINDERN

LEITLINIEN FÜR DEN FACHLICHEN UMGANG

Sexuelle Übergriffe unter Kindern verlangen von den ErzieherInnen und Lehrkräften einen pädagogischen Umgang, der von Fachlichkeit geprägt ist. Vielfältige Erfahrungen zeigen, dass mangelndes Fachwissen und in der Folge fehlendes Problembewusstsein zu Umgangsweisen führt, die eher intuitiv erfolgen und in den Augen der beteiligten Kinder und Eltern allzu oft den Charakter von Zufälligkeit bis hin zu Willkür tragen. Der fachliche Umgang mit sexuellen Übergriffen ist eine Frage des Kinderschutzes, der allen Kindern in pädagogischen Einrichtungen zusteht.

Ihre Eltern dürfen zu Recht erwarten, dass sich pädagogische Fachkräfte, denen sie ihre Kinder anvertrauen, darum bemühen. Aber auch für übergriffige Kinder ist ein fachlicher Umgang entscheidend, denn für sie ist nichts gewonnen, wenn sie einen nachsichtigen, schonenden Umgang erleben. Ihre Eltern benötigen die Unterstützung der pädagogischen Fachkräfte, wenn es darum geht, Muster von gewalttätigem Verhalten frühzeitig zu durchbrechen und dem Kind Wege zu einem respektvollen Sozialverhalten zu zeigen.

Manche PädagogInnen fühlen sich von den Anforderungen an ihre Fachlichkeit überfordert, denn sie befürchten, dass quasi therapeutische Qualifikatio-

© verlag mebes & noack

nen notwendig wären, um die Herausforderungen bei sexuellen Übergriffen zu meistern. Beim pädagogischen Umgang mit sexuellen Übergriffen geht es aber nicht um die psychologische Aufarbeitung des Vorgefallenen bei den betroffenen Kindern und schon gar nicht um therapeutische Begleitung der übergriffigen Kinder. Die Aufgabe von PädagogInnen ist nicht mehr, aber auch nicht weniger als der praktische Schutz von Mädchen und Jungen vor sexuellen Übergriffen und das Entwickeln und Durchführen von Maßnahmen gegenüber übergriffigen Kindern.

Wo darüber hinaus therapeutische Hilfe für das einzelne Kind erforderlich ist, sollten die PädagogInnen darauf hinwirken, dass die Eltern diese veranlassen. Lehrkräfte und ErzieherInnen müssen nach einem sexuellen Übergriff im pädagogischen Alltag die Bedingungen für eine Atmosphäre in der Kindergruppe oder Klasse schaffen, in der sich alle Kinder (wieder) sicher fühlen bzw. akzeptiert bleiben, so dass ein respektvolles Miteinander gelingen kann.

> Die Aufgabe von PädagogInnen ist nicht mehr, aber auch nicht weniger als der praktische Schutz von Mädchen und Jungen vor sexuellen Übergriffen und das Entwickeln und Durchführen von Maßnahmen gegenüber übergriffigen Kindern.

Denn anders als beim Umgang mit sexuellem Missbrauch durch Erwachsene, der im besten Fall zur Trennung des betroffenen Kindes vom Täter führt, soll der Umgang mit sexuellen Übergriffen unter Kindern dazu beitragen, dass die beteiligten Kinder sich weiterhin begegnen können. Nur in Ausnahmefällen ist es notwendig, das übergriffige Kind auf Dauer aus der Gruppe oder Klasse zu entfernen.

Auf die Haltung kommt es an

Fachlicher Umgang verlangt eine bestimmte Haltung, um sexuelle Übergriffe wahrnehmen zu können und zu wollen und den konkreten Umgang mit den einzelnen Beteiligten – mit dem betroffenen und dem übergriffigen Kind, mit der Kindergruppe, mit den KollegInnen, der Leitung und den Eltern – professionell gestalten zu können. Diese Haltung, deren einzelne Aspekte nachfolgend näher beschrieben werden, fördert das Ziel, auf sexuelle Übergriffe angemessen zu reagieren, sie zu beenden und aufzuarbeiten.

Sexuelle Übergriffe ernst nehmen

Das Kernstück dieser fachlichen Haltung besteht darin, sexuelle Übergriffe unter Kindern ernst zu nehmen. Wenn sexuelle Übergriffe vorkommen, verweist das noch nicht auf ein fachliches Versäumnis der PädagogInnen. Ein solches Versäumnis liegt aber sehr wohl vor, wenn die Übergriffe nicht ernst genommen werden. Wenn erst empörte Beschwerden von Eltern ErzieherInnen und Lehrkräfte dazu zwingen, die Übergriffe ernst zu nehmen, ist es erfahrungsgemäß schwer, im weiteren Umgang deren Vertrauen wieder zu gewinnen.

> Fehlendes Problembewusstsein in der Praxis geht häufig mit Unsicherheit einher. PädagogInnen, die sich einer angemessenen Intervention nicht gewachsen fühlen, neigen dazu, sexuelle Übergriffe bewusst oder unbewusst zu übersehen oder herunterzuspielen.

Sexuelle Übergriffe ernst zu nehmen ist die unverzichtbare Voraussetzung, um die Notwendigkeit zu erkennen, dass eine pädagogische Intervention erfolgen muss. Es ist kein Zufall, dass in der Praxis fehlendes Problembewusstsein, also die fehlende Bereitschaft, sexuelle Übergriffe ernst zu nehmen und als solche zu werten, häufig mit Unsicherheit darüber einhergeht, wie ein sinnvolles Eingreifen überhaupt aussehen kann.

PädagogInnen, die sich einer angemessenen Intervention nicht gewachsen fühlen, neigen eher dazu, sexuelle Übergriffe bewusst oder unbewusst zu übersehen oder sie herunterzuspielen. Dieser Zusammenhang wurde auch in einem Fall in einem Beratungsgespräch deutlich:

Fallbeispiel

Die ErzieherInnen hatten Beratung gesucht, weil sie sich von aufgebrachten Eltern unter Druck gesetzt fühlten, etwas gegen den sechsjährigen Jens zu unternehmen, der ihren drei- und vierjährigen Töchtern Mareike und Charlotte Regenwürmer auf die entblößte Scheide gelegt hatte. Ihre Ratlosigkeit ("Aber was soll man denn dagegen machen?") war eng verknüpft mit ihrer Haltung, die sexuellen Übergriffe nicht ernst zu nehmen ("Diese Mädchen beschweren sich doch andauernd wegen irgendetwas! Ich habe so etwas bei uns noch nie gesehen!").

Bagatellisierungen des Vorgefallenen sind an der Tagesordnung und finden umso eher statt, je geringer die Übergriffsintensität ist und je größer die Unsicherheit, was kindliche Sexualität eigentlich ausmacht, was eigentlich "normal" in welchem Alter ist. Dazu ein Beispiel:

Fallbeispiel

Die vierjährige Lea beklagte sich über Murat und Marcel, die auf der Toilette immer ihre Scheide ansehen wollten. Die ErzieherInnen des Kinderladens konnten die Beschwerden nicht ernst nehmen; sie hatten sich an die Klospiele der Kinder längst gewöhnt und erklärten sich das Verhalten der Jungen mit kindlicher Neugier. "Das gehört doch irgendwie dazu. Ist das in dem Alter nicht ganz normal?" Dass die Neugier aber ihre Grenze am entgegenstehenden Willen des Mädchens finden muss, konnte erst im Beratungsgespräch geklärt werden.

Wenn es um Kinder im Kita-Alter geht, sind auch bei intensiveren Übergriffen häufig Zweifel anzutreffen, ob so junge Kinder bereits zu einem derartigen Verhalten fähig sind:

Fallbeispiel

Als der sechsjährige Milan versuchte, seinen erigierten Penis dem dreijährigen Sven in den Po zu stecken, bewerteten die ErzieherInnen das Geschehen mit Äußerungen wie "Das sind doch nur Doktorspiele! Außerdem können die das doch noch gar nicht."

Hinzu kommen häufig Zweifel, ob betroffene Kinder überhaupt geschädigt werden. PädagogInnen, die sexuelle Übergriffe nicht ernst nehmen, wollen "die Sache nicht aufbauschen, nicht überbewerten" – und verzichten in der Folge auf eine eigene Bewertung. Sie vertrauen meist darauf, dass die Kinder das schon untereinander regeln und dass so angegangene Kinder sich wohl wehren werden. Sexuelle Übergriffe ernst zu nehmen, bedeutet aber, selbst die Verantwortung für den Schutz betroffener Kinder zu übernehmen und sie nicht auf die Kinder abzuwälzen.

Auch bei sexuellen Übergriffen im Grundschulalter sind Unwissenheit und Fehleinschätzungen über die sexuelle Entwicklung von Kindern häufig dafür verantwortlich, dass sexuelle Übergriffe übersehen werden. Sie werden oft als alterstypische, vorpubertäre Unsicherheiten im Umgang mit Sexualität abgetan, die sich im Laufe der Zeit schon geben werden. Diese Einschätzung ist jedoch unzutreffend: Sexuell übergriffiges Verhalten verwächst sich nicht, sondern kann so gelernt und als Verhaltensmodell für das weitere Leben übernommen werden. Forschungsergebnisse belegen, dass die meisten jugendlichen Sexualstraftäter bereits als Kinder durch sexuelle Übergriffe aufgefallen sind[46] und dass viele erwachsene Sexualstraftäter schon als Kinder und Jugendliche sexuell gewalttätiges Verhalten gezeigt haben.[47]

In diesem Zusammenhang spielt auch die Benutzung von Sexualität als Mittel der Gewaltausübung eine Rolle: Das Sexuelle wirkt als zusätzlicher Verstärker neben dem Lernen durch Erfolg. Es kommt ein Lernen durch sexuelle Erregung hinzu. Das bedeutet, dass neben den Erfolg des durch Gewalt erlangten Machtgefühls die sexuelle Wirkung tritt und sich eng damit verzahnt. In der Folge wird so ein emotional grundlegender Einstieg und Weg in sexuell gewalttätiges Verhalten erreicht, die Konditionierung auf gewaltnahe sexuelle Phantasien entwickelt. Dies stellt eine Störung für die kindliche und jugendliche Sexualität dar. Was daraus werden kann, zeigt ein Blick auf die Einstellun-

---

46 Heiliger, Anita: Strukturen männlicher Sozialisation und (potentielle) Täterschaft sexueller Übergriffe gegen Mädchen und Frauen. In: Wodtke-Werner, V./Mähne, U. (Hg.): Nicht wegschauen! Vom Umgang mit Sexual(straf)tätern. Baden-Baden 1999

47 Deegener, Günther: Sexuell aggressive Kinder und Jugendliche – Häufigkeiten und Ursachen, Diagnostik und Therapie. In: Höfling u.a. (Hg.): Auftrag Prävention. Offensive gegen sexuellen Kindesmissbrauch. München 1999, S. 356

gen jugendlicher Missbraucher zum Thema Sex: „Nur ein Drittel ... sah in Sex einen Weg, Liebe und Zuneigung einer anderen Person gegenüber zu zeigen." Der größere Teil, also zwei Drittel der Untersuchten, verband andere Absichten damit, u.a. „... war für sie Sex z.B. ein Weg, andere ‚zu verletzen/zu erniedrigen/zu bestrafen' (8%), Ärger und Wut abzubauen (9%) und sich mächtig zu fühlen (24%)."[48]

Daraus folgt, dass frühzeitiges Intervenieren einen unverzichtbaren Bestandteil von Täterprävention im pädagogischen Bereich darstellt. Wenn Lehrkräfte sexuelle Übergriffe ernst nehmen, geben sie damit Jungen und Mädchen die Chance, frühzeitig zu lernen, wie partnerschaftliche und selbstbestimmte Sexualbeziehungen gestaltet werden können. Vor allem Jungen können Wege kennen lernen, ihre sexuellen Bedürfnisse zu äußern, ohne die Grenzen anderer zu verletzen, und Mädchen (und Jungen) können die Erfahrung machen, dass ihre Wünsche, aber auch ihre Grenzen Respekt verdienen.

Einige PädagogInnen neigen auch deshalb dazu, sexuelle Übergriffe zu verharmlosen, weil sie sich an entsprechende Erfahrungen in der eigenen Kindheit oder Schulzeit erinnern. („Das war doch früher nicht anders. Das kommt unter Kindern einfach vor.") Nur spricht das Auftreten von sexuellen Übergriffen unter Kindern seit unzähligen Generationen noch nicht dafür, dass man sie auch weiterhin hinnehmen müsste. Dass Kinder früher von Lehrkräften geschlagen werden durften, gilt ja auch nicht mehr als pädagogisches Argument für ein Züchtigungsrecht.

> Dass es sexuellen Übergriffen unter Kindern seit unzähligen Generationen gibt, spricht noch nicht dafür, dass man sie auch weiterhin hinnehmen müsste. Die „Macht der Gewohnheit" gilt ja auch nicht mehr als pädagogisches Argument für ein Züchtigungsrecht.

Wenn sich die PädagogInnen jedoch an die eigene Kindheit erinnern und sich die Gefühle von Demütigung und Hilflosigkeit vergegenwärtigen, die sie selbst bei sexuellen Übergriffen empfunden haben, gelingt es vielfach schließlich doch, den Gewalt- bzw. Grenzverletzungscharakter von sexuellen Übergriffen zu erkennen.

---

48 Deegener aaO, S. 362

In manchen Situationen fällt es PädagogInnen schwer, deutlich zu machen, dass sie sexuelle Übergriffe ernst nehmen, weil sie befürchten, dann als überempfindlich oder sexualfeindlich zu gelten. Sie erkennen durchaus, dass die Grenzen einverständlicher sexueller Aktivitäten überschritten sind, wagen es aber nicht, das auch zu benennen, weil sie mit abwehrenden Reaktionen der KollegInnen, der Leitung oder der Eltern rechnen.

Einige machen die Erfahrung, dass ihr Problembewusstsein mit Prüderie gleich gesetzt wird – eine Dynamik, die aus der Debatte um den sexuellen Missbrauch an Kindern hinlänglich bekannt ist. Für diese PädagogInnen ist es wichtig, darauf zu bestehen, dass sie nicht die kindliche Sexualität problematisieren wollen, sondern vor allem den Schutz von Kindern und ihre von Übergriffen ungestörte sexuelle Entwicklung vor Augen haben. Sie dürfen es sich nicht nehmen lassen, auf dem Unterschied von sexuellen Aktivitäten und sexuellen Übergriffen zu beharren.

Sexuelle Übergriffe ernst zu nehmen bedeutet auch, die Verantwortung für den Umgang damit zu übernehmen, den Umgang zum eigenen Anliegen zu machen und keinesfalls den beteiligten Kindern zu überlassen. Anders als bei alltäglichen Konflikten unter Kindern, bei denen es pädagogisch wünschenswert sein kann, dass die Beteiligten selbstständig gemeinsame Lösungen finden, müssen PädagogInnen bei sexuellen Übergriffen eine aktive Rolle übernehmen. Überlässt man es in derartigen Fällen den Kindern, den Konflikt selbst zu lösen, besteht die Gefahr, dass sich die Unterlegenheit des betroffenen Kindes auch in diesem Prozess der Konfliktlösung auswirkt und sich dadurch noch verschärft.

Auch wo das betroffene Kind sich anschließend sein Recht verschafft hat, wie z.B. die neunjährige Anne, die ihren Mitschüler Hakan, der sie mit Beckenstößen in die Ecke gedrängt hatte, in den Bauch geboxt hat, erübrigt sich ein Einmischen der PädagogInnen in diese Situation nicht.

Sexuelle Übergriffe in Institutionen für möglich halten

Nur wer sexuelle Übergriffe unter Kindern für möglich hält, wer sich darüber im Klaren ist, dass sie überall dort vorkommen können, wo Kinder zusammenkommen, wird sie auch ernst nehmen können. Anderenfalls verhindert der Trugschluss, wonach „nicht sein kann, was nicht sein darf", das Erkennen sexueller Übergriffe.

Deshalb ist es wichtig zu wissen, dass die Institutionen Schule und Kita ein strukturelles Risiko für das Stattfinden von sexuellen Übergriffen bergen. Das Risiko, das alle pädagogischen Institutionen teilen, besteht darin, dass dort Kinder zusammenkommen, die unterschiedlich sind: unterschiedlich stark, unterschiedlich alt, unterschiedlich integriert, mit unterschiedlichen Geschlechtern usw. Wo viele Kinder aufeinander treffen, gehört es zum Alltag, dass Grenzen verletzt werden; das kann auch für die sexuellen Grenzen gelten. Zudem finden im kindlichen Streben nach Selbstbehauptung immer Prozesse von Konkurrenz und Dominanz statt, die z.T. mit Mitteln der Gewalt verfolgt werden. Sexuelle Übergriffe als eine Variante von Gewalt gehören zu den eingesetzten Mitteln. Neben der Tatsache, dass ein Aufeinandertreffen vieler Jungen und Mädchen generell die Gefahr sexueller Übergriffe mit sich bringt, weisen die Institutionen Schule und Kita noch ihre jeweils besonderen Risiken auf.

> Wo viele Kinder aufeinander treffen, gehört es zum Alltag, dass Grenzen verletzt werden. Zudem finden im kindlichen Streben nach Selbstbehauptung immer Prozesse von Konkurrenz und Dominanz statt, die z.T. mit Mitteln der Gewalt verfolgt werden.

▶ Anders als Grundschulen sind Kitas Orte, an denen die Körperlichkeit von Kindern aufgrund ihres Alters (Entdeckung und Kennenlernen des eigenen Körpers und der Körper der anderen inklusive der Geschlechtsunterschiede, Unterstützung der Kinder bei Toilettengang etc.) eine große Rolle spielt. Sinnlichkeit bei Kindern zu fördern, ist das Ziel vielfältigen pädagogischen Bemühens in Kitas. Und so ist es nicht verwunderlich, dass das, was die Entwicklung von Kindern fördert, zugleich ein Risiko birgt, dass es in diesem Rahmen zu sexuellen Grenzüberschreitungen von Kindern durch andere Kinder kommt. Gerade in der Phase des frühkindlichen Kennenlernens des Körpers, die durch Neugier und Entdeckungslust gekennzeichnet ist, werden Erfahrungen mit Grenzen auch dadurch gemacht, dass sie mitunter verletzt werden. Das Wissen um dieses Kita-spezifische Risiko weist wiederum auf die Notwendigkeit eines sexualpädagogischen Konzepts hin, das diesem Risiko Rechnung trägt, ohne die sinnliche Entdeckungslust und sexuelle Aktivitäten pauschal zu unterbinden.

▶ Die Schule als Institution mit hierarchischen Strukturen birgt ein spezielles Gefährdungspotenzial: Die Altersspanne der GrundschülerInnen bildet sich in der Klassenstufeneinteilung ab. Das Aufsteigen in höhere Klassen ist bei vielen Kindern mit einem Zuwachs an Selbstbewusstsein verbunden, welcher das spöttische Herabblicken auf die „Kleinen" oftmals beinhaltet. Nicht zufällig erleben fast alle Kinder der unteren Jahrgangsstufen vielfältige Drangsalierungen durch ältere, beispielsweise in der Hofpause. Zudem ist die Schule mit ihrer Leistungsorientierung ein Ort, an dem Kinder Anerkennung, aber allzu häufig auch Erfahrungen von Abwertung aufgrund geringer schulischer Erfolge erleben. Entsprechende Gefühle von Minderwertigkeit werden häufig dadurch kompensiert, dass die Demütigung schwächerer Kinder ein gewisses Gefühl von Selbstaufwertung durch Überlegenheit und vermeintliche Stärke erlaubt.

Exkurs

Das Ziel solcher Abwertung sind nicht immer ausschließlich Kinder, sondern mitunter auch weibliche Lehrkräfte. Manchmal lassen männliche Grundschüler ihre Wut über schlechte Beurteilungen und mangelnden Schulerfolg durch verbale sexuelle Attacken an Lehrerinnen aus. Einem Jungen, selbst wenn er leistungsschwach ist, bietet die gesellschaftlich verankerte männliche Dominanz die Möglichkeit, Lehrerinnen aufgrund ihres Geschlechts abzuwerten. Jungen, deren Selbstbewusstsein durch schulische

Misserfolge angekratzt wird, können sich immer noch durch Beschimpfungen wie „alte Fotze" ein Gefühl der Überlegenheit bewahren.

Wenn ErzieherInnen oder Lehrkräfte mit Vorwürfen wegen unterlassener Aufsichtspflicht durch die Eltern betroffener Kinder konfrontiert werden, sind oft Reaktionen zu beobachten, die darauf zielen zu beweisen, dass die Aufsichtspflicht nicht verletzt wurde („Das kann gar nicht passiert sein, das hätten wir gesehen!"). Solche Argumente sind jedoch wenig hilfreich. Sinnvoller ist es, sich selbst wie auch den Eltern klarzumachen, dass es in einer Kita oder Schule keine umfassende Kontrolle aller Kinder zu jeder Zeit in jedem Winkel der Einrichtung geben kann. Auch Eltern beaufsichtigen ihre Kinder nicht, wenn sie im Kinderzimmer spielen, während sie sich selbst im Wohnzimmer aufhalten. Erst wenn geklärt ist, dass man sich an diesem unerfüllbaren Maßstab „umfassende Aufsichtpflicht" nicht messen lassen wird, ist die Voraussetzung geschaffen, sexuelle Übergriffe auch wirklich für möglich zu halten – weil sie nicht automatisch das Versagen der ErzieherInnen bedeuten.

> In einer Kita oder Schule kann es keine Kontrolle aller Kinder zu jeder Zeit und in jedem Winkel der Einrichtung geben. PädagogInnen müssen sich deshalb nicht am unerfüllbaren Maßstab einer umfassenden Aufsichtspflicht messen lassen.

Sexuelle Übergriffe für möglich zu halten fällt manchmal schwer, wenn es sich um Kinder aus dem akademisch-bürgerlichen Milieu, um Schulen und Kitas in den besseren Wohnbezirken handelt. Die Abwehr von PädagogInnen ist dort oftmals besonders stark, denn mit solchen Problemen haben sie in so einer Gegend, bei einem so wohlsituierten Elternhaus nicht gerechnet.

Und die Eltern der betroffenen Kinder reagieren erfahrungsgemäß besonders empört und aufgeregt. In Gesprächen wurde deutlich, dass sexuelle Übergriffe für ein „Unterschichtsproblem" gehalten wurden, das in den eigenen Kreisen keine Rolle spielt. Aufgrund unserer Erfahrungen können wir jedoch feststellen, dass sexuelle Übergriffe in allen sozialen und kulturellen Milieus gleichermaßen vorkommen.

Ruhe bewahren

Der fachliche Umgang mit sexuellen Übergriffen verlangt ein besonnenes Vorgehen. Ruhe bewahren ist das oberste Gebot, um das Vorgefallene vollständig wahrzunehmen und einen Umgang damit anzustreben, der die Interessen aller Beteiligten berücksichtigt. Dies wird PädagogInnen eher gelingen, wenn sie grundsätzlich damit rechnen, dass auch in ihrer Kindergruppe oder Klasse sexuelle Übergriffe stattfinden können.

> Das häufig anzutreffende Gefühl, pädagogisch versagt zu haben, verleitet nicht nur dazu, die Vorfälle zu Lasten der betroffenen Kinder zu bagatellisieren bzw. nicht ernst zu nehmen, sondern umgekehrt auch zu dramatisierendem Agieren.

Zwar wird im konkreten Fall ein Erschrecken nicht ausbleiben, aber es muss den weiteren Umgang dann nicht dominieren. Überstürztes Handeln führt erfahrungsgemäß dazu, dass das Interesse eines beteiligten Kindes übersehen wird. Das häufig anzutreffende Gefühl, pädagogisch versagt zu haben, weil solche Übergriffe sonst gar nicht möglich gewesen wären, verleitet nicht nur dazu, die Vorfälle zu Lasten der betroffenen Kinder zu bagatellisieren bzw. nicht ernst zu nehmen, sondern umgekehrt auch zu dramatisierendem Agieren. Beides ist ungeeignet für eine pädagogisch adäquate Lösung des Problems.

Von sexuellen Übergriffen Kenntnis erlangen

Für LehrerInnen und ErzieherInnen beginnt der Prozess des fachlichen Umgangs zu dem Zeitpunkt, an dem eine Reaktion, ein Eingreifen, eine Intervention notwendig wird, weil sie von einem sexuellen Übergriff Kenntnis erlangt haben.

Eine unmittelbare Intervention (die nachholende Intervention wird an späterer Stelle erläutert) erfolgt in direkter Reaktion auf die Kenntnis von einem Übergriff. PädagogInnen erfahren von sexuellen Übergriffen auf zwei Wegen: entweder durch eigene Beobachtung oder durch nachträgliche Information.

Eigene Beobachtung

Erfahrungsgemäß kommt es in Kitas häufiger als in Schulen vor, dass Erzieher-
Innen einen sexuellen Übergriff selbst beobachten. Zum einen werden die
Mädchen und Jungen stärker beaufsichtigt als in Schulen, und es gibt auch
mehr Erwachsene wie z.B. PraktikantInnen, Küchenpersonal, Verwaltungsper-
sonal und eingewöhnende Eltern, die in den unterschiedlichen Bereichen einer
Kita anwesend sind. Zum anderen gibt es mehr Anlässe und Gelegenheiten zu
Körperkontakten in Kuschelecken, beim Mittagsschlaf, wenn möglicherweise
im Sommer draußen nackt gespielt oder geplanscht wird oder die Kinder die
Toilette gemeinsam aufsuchen.

Nicht zuletzt sind sexuelle Übergriffe in Kitas auch deshalb leichter durch
PädagogInnen selbst wahrzunehmen, weil das Schamgefühl der Kinder in diesem Alter in der Regel noch geringer ausgeprägt ist und sie infolge dessen
noch weniger darauf achten, bei ihren sexuellen Kontakten unbeobachtet zu
sein. Gerade bei sexuellen Übergriffen, die im Überschwang bei zunächst einverständlichen sexuellen Aktivitäten geschehen, kommt es häufig vor, dass die
ErzieherInnen dies direkt beobachten.

Fallbeispiel

ErzieherInnen einer Kita beobachteten, wie Leon die
gleichaltrige Serafina beim Doktorspielen plötzlich mit
Gewalt auf den Boden drückte, weil er ihr noch Fieber
messen „musste", oder wurden ZeugInnen, wie die sechsjährige Anh Yung beim Planschen mit dem harten Wasser-
strahl des Gartenschlauchs direkt auf den Penis ihres
Freundes Dominik zielte.

In Schulen ist die direkte Beobachtung von sexuellen Übergriffen seltener, weil
die Jungen und Mädchen stärker darauf achten, dass sie dabei nicht „ertappt"
werden. Sie nutzen dazu eher unbeobachtete Momente oder Situationen, in
denen sie nicht mit dem Auftauchen von Lehrkräften rechnen müssen, wie z.B.
auf Schultoiletten, in schlecht einsehbaren Bereichen des Schulhofs oder bei
Abwesenheit der Lehrkräfte im Klassenzimmer.

Nachträgliche Information

Nachträgliche Informationen über einen bereits erfolgten sexuellen Übergriff können PädagogInnen von dem betroffenen Kind selbst erhalten, von Kindern, die den Vorfall beobachtet haben, oder von Eltern.

▸ PädagogInnen können von einem Übergriff durch eine direkte Beschwerde des betroffenen Kindes erfahren oder dadurch, dass das betroffene Kind nach dem sexuellen Übergriff weint und so die Aufmerksamkeit der ErzieherInnen oder LehrerInnen auf sich zieht. In selteneren Fällen ist es eine Verletzung des betroffenen Kindes, die ihm vom übergriffigen Kind zugefügt wurde und die nun einer ErzieherIn oder LehrerIn auffällt.

▸ Häufig erfahren die PädagogInnen von dem Vorfall dadurch, dass Mädchen oder Jungen, die etwas beobachtet haben, davon berichten oder sie zu Hilfe holen. Sie sagen der Pausenaufsicht oder der Klassenlehrerin Bescheid oder laufen zur Erzieherin, die den Übergriff nicht gesehen hat, weil sie im Nachbarzimmer war oder keinen Einblick in die Kuschelecke hatte. Die Wahrscheinlichkeit, durch andere Kinder von einem sexuellen Übergriff zu erfahren, steigt, wenn diese nicht befürchten müssen, als Petzen zu gelten. Dafür ist es notwendig, dass Lehrkräfte und ErzieherInnen den Mädchen und Jungen schon in anderen Situationen vermittelt haben, dass Hilfe Holen kein Petzen ist (vgl. die Ausführungen zum Petzen im Abschnitt „Information, Prävention, Sicherheit: Der Umgang mit der Kindergruppe oder Klasse"), sondern dass Kinder, die anderen Kindern auf diese Weise beistehen, Lob und Anerkennung zu erwarten haben.

▸ Manchmal erfahren die PädagogInnen auch nur dadurch etwas von den sexuellen Übergriffen, dass sie einem veränderten oder ungewöhnlichen Verhalten, z.B. aufgeregtem Tuscheln beobachtender Kinder, auf den Grund gehen. Wenn das übergriffige Kind dem betroffenen Kind oder unbeteiligten Kindern verboten hat, über den Vorfall zu sprechen, den Vorfall zum Geheimnis erklärt oder sie davor gewarnt hat zu petzen, ist besondere Sensibilität erforderlich, um beim betroffenen Kind oder bei den anderen Kindern Verhaltensveränderungen wahrzunehmen. Grundsätzlich werden eher solche Kinder darüber sprechen können, die gelernt haben, dass es einen Unterschied zwischen guten und schlechten Geheimnissen gibt und dass man schlechte Geheimnisse immer erzählen darf. (Vgl. die Ausführungen zu Geheimnissen im Abschnitt „Information, Prävention, Sicherheit: Der Umgang mit der Kindergruppe oder Klasse".)

Manche Kinder erzählen nicht unmittelbar nach dem sexuellen Übergriff davon, sondern nutzen erst später die relativ geschützte Atmosphäre im Morgenkreis oder im Klassenrat dazu. Vor allem wenn andere (sexuelle) Übergriffe hier gerade thematisiert werden, erinnern sich manche Kinder, dass sie etwas Vergleichbares erlebt oder beobachtet haben, selbst wenn der Vorfall schon länger zurück liegt. Sie sollten unbedingt erfahren, dass es für eine Beschwerde nie zu spät ist.

▶ Häufig erzählen betroffene, aber auch beobachtende Kinder erst zu Hause, was geschehen ist, weil sie unsicher sind, wie die Lehrkräfte oder ErzieherInnen darauf reagieren würden. Es fällt ihnen leichter, mit ihren Eltern über „so etwas Peinliches" zu sprechen, oder sie befürchten, dass man in der Schule oder Kita ihre Beschwerde nicht ernst nehmen wird.

Dass manche Kinder sich zuerst an ihre Eltern wenden, ist aber nicht immer eine Frage des fehlenden Vertrauens in ErzieherInnen oder LehrerInnen, sondern es kann auch mit einem Geheimnisdruck zusammenhängen, der innerhalb der Institution, in der der Übergriff stattfand, eine stärkere Wirkung entfaltet. Hinzu kommt, dass Eltern häufig sensibler bei der Beobachtung ihres eigenen Kindes sind, eher Probleme vermuten und

> Dass manche Kinder sich zuerst an ihre Eltern und nicht an die ErzieherInnen oder LehrerInnen wenden, kann mit einem Geheimnisdruck zusammenhängen, der innerhalb der Institution, in der der Übergriff stattfand, eine stärkere Wirkung entfaltet.

schneller nachfragen. In solchen Fällen erfolgt die nachträgliche Information dann als Mitteilung oder Beschwerde durch besorgte oder auch aufgebrachte Eltern. In Ausnahmefällen erfahren die PädagogInnen erst von dem sexuellen Übergriff, weil Eltern ihr betroffenes Kind sofort aus der Einrichtung abmelden, ohne vorher das Gespräch gesucht zu haben.

Probleme ergeben sich dann, wenn Zweifel auftauchen, ob das Berichtete so statt gefunden hat oder ob nicht Einzelheiten fehlen, die eine andere Einschätzung der Situation zur Folge hätten. Wie mit diesen Problemen umgegangen werden kann, wird im Abschnitt „Was brauchen die Kinder? – Geeignete Reaktionen und Maßnahmen" ausführlich dargestellt.

Zu einer angemessenen Einschätzung gelangen

Die Grundlage eines fachlichen Umgangs mit sexuellen Übergriffen unter Kindern ist die richtige, die fachlich angemessene Einschätzung der Situation, die gesehen oder mitgeteilt wurde. Sie orientiert sich an der Definition von sexuellen Übergriffen unter Kindern. Die PädagogInnen müssen also die Struktur, die hinter der sichtbaren Handlung steckt, analysieren und beurteilen, ob Unfreiwilligkeit beim betroffenen Kind vorlag und gegebenenfalls ein Machtunterschied zwischen dem betroffenen und dem übergriffigen Kind besteht. Alter, Geschlechtszugehörigkeit und die Position der Mädchen und Jungen innerhalb der hierarchischen Strukturen sind meist gut erkennbar, wenn es sich um die eigene bekannte Gruppe oder Klasse handelt. Ob Freiwilligkeit vorlag, ist dann gut zu erkennen, wenn Gewalt angewendet wurde oder wenn es Beschwerden gab. Doch es gibt auch Übergriffssituationen, in denen die Einschätzung schwerer fällt. Dies trifft besonders auf Situationen zu, in denen die Reaktion der Betroffenen nicht eindeutig ist, wenn ein Kind sich nicht deutlich gewehrt hat, vielleicht sogar gelacht oder mitgemacht hat. Direkte Gespräche mit dem betroffenen und anschließend mit dem übergriffigen Kind können Informationen ergeben, die der richtigen Einschätzung der Situation dienen. Auch die Gründe für solches uneindeutiges

Verhalten lassen sich in einem Gespräch mit dem betroffenen Kind am besten klären. (Vgl. hierzu den Abschnitt „Schutz, Trost, Stärkung: Der Umgang mit dem betroffenen Kind".)

Das Auftreten der pädagogischen Fachkräfte – Entschiedenheit und Eindeutigkeit

Das Auftreten der zuständigen pädagogischen Fachkraft, die Art und Weise, in der Interventionen erfolgen, ist von entscheidender Bedeutung. Denn damit wird die beabsichtigte Botschaft transportiert, Klarheit und Orientierung vermittelt oder im ungünstigen Fall Ambivalenz und Unsicherheit ausgedrückt. Entschiedenheit und Eindeutigkeit in der Haltung sind die beste Voraussetzung, um ein angemessenes Auftreten zu erreichen.

Dazu ist es nicht unbedingt erforderlich, sofort eine differenzierte Einschätzung und alle notwendigen Entscheidungen parat zu haben. Es geht auch nicht darum, alle Gefühle zu unterdrücken und zu versachlichen. Entscheidend ist hier eine professionelle Reaktion, d.h. die Emotionen der PädagogInnen dürfen durchaus sichtbar werden, aber sie dürfen nicht die Situation dominieren. Das Beenden der Übergriffshandlung – falls es sich um eine unmittelbare Intervention handelt – und eine eindeutige Stellungnahme dazu sind gefordert. Wenn es bereits Regeln zu diesem Thema – oder zumindest zum freiwilligen Mitmachen bei Spielen – gibt, ist es hier natürlich sinnvoll, den Regelverstoß zu benennen. Das detaillierte Besprechen einer Situation mit dem betroffenen und vor allem mit dem übergriffigen Kind kann durchaus mit dem Hinweis „Ich muss mich erst etwas beruhigen" ein wenig verschoben werden. Ein wirklich spontanes professionelles Auftreten wird allerdings nur möglich sein, wenn es bereits im Vorfeld Überlegungen zum Thema gegeben hat oder sogar ein sexualpädagogisches Konzept vorliegt.

Die Chance der nachholenden Intervention

Die nachholende Intervention ist die Möglichkeit, eine falsche oder gescheiterte Intervention nachträglich fachlich zu verbessern. Sie kann auch eine späte Erstreaktion sein, ein Nachholen der versäumten unmittelbaren, also zeitnahen Intervention.

Die unmittelbare Intervention erfordert eine schnelle und angemessene Einschätzung. Das setzt eine Handlungskompetenz voraus, die häufig noch nicht vorhanden ist, sondern erst in der Beschäftigung mit dem Thema Sexuelle Übergriffe unter Kindern erworben werden muss. Die innere Abwehr dagegen, Kinder im Zusammenhang mit Grenzverletzungen im sexuellen Bereich wahrzunehmen, aber auch Erschrecken, Unsicherheit oder Überforderung können zu unangemessenen, unfachlichen Reaktionen führen:

▶ Ablenkende Reaktionen, die der Bedeutung des Vorfalls nicht entsprechen, sondern ihn verschleiern sollen („Es ist so kalt, zieht euch mal wieder an!", „Wir wollen jetzt essen, kommt alle aus der Kuschelecke raus!") drücken zwar ein gewisses Unbehagen aus und geben möglicherweise auch eine unausgesprochene Botschaft an die Kinder („Das will ich hier nicht, aber darüber kann man auch nicht direkt sprechen, denn das ist was Unanständiges."), aber eine eindeutige Stellungnahme bleibt aus.

▶ Manchmal werden auch zu weiche oder uneindeutige Reaktionen gezeigt („So etwas will ich nicht mehr hier sehen, vertragt euch jetzt wieder!"), die keinem der beteiligten Kinder gerecht werden, weil die Situation unbenannt und ungesehen bleibt und damit nicht bearbeitet wird.

▶ Es kann auch vorkommen, dass „gut gemeinte" falsche Entscheidungen getroffen werden („Lea bleibt jetzt erst einmal bei mir, damit ihr so etwas nicht noch einmal passiert.", „Das kann ich mir nicht vorstellen, Mareike und Charlotte sind ja oft so empfindlich, auch wenn es die anderen nicht so gemeint haben!"), oder die falschen Beteiligten in Schutz genommen werden.

Solche unmittelbaren, aber unfachlichen Interventionen werden oft erst im KollegInnengespräch oder in der Beratung problematisiert und neu bedacht. Erstaunlich oft geschieht das aus zufälligem Anlass, der dann den KollegInnen oder der Beraterin Gelegenheit gibt, den Vorgang kritisch zu beleuchten, anders einzuschätzen oder sogar in Auseinandersetzungen zu gehen. Natürlich wirkt sich das Fachwissen zu kindlicher Sexualität, Grenzsetzungen und klaren Regeln in Gruppen und Klassen auch auf die Einschätzung solcher Vorfälle aus. Hier kommt den Informationseinheiten im Rahmen von Präventionsprogrammen eine besondere Bedeutung zu. Lehrkräfte und Eltern sollten diesen Themenaspekt aufgreifen, um eine intensive Auseinandersetzung zu fördern. Die nachträgliche Beurteilung erfolgt dann manchmal aus einem neuen Blickwinkel.

Fordert das Ergebnis der Neubewertung auch eine neue Reaktion, dann wird eine nachholende Intervention zwingend. Nachholende Gespräche mit dem betroffenen und anschließend mit dem übergriffigen Kind, die sich deutlich auf den Vorfall zurückbeziehen, bilden den Mittelpunkt. Dabei muss die zeitliche Verzögerung ebenso wie eine neue Einschätzung begründet werden. Natürlich ist dies immer auch eine Frage der Altersangemessenheit: Die beteiligten Kinder sollen sich noch an den Vorfall erinnern können, bei jüngeren Kindern darf er also nicht Monate zurück liegen. Allerdings ist es doch immer wieder erstaunlich, wie gut gerade solche Vorfälle noch in der Erinnerung verbleiben, auch wenn sie nur kurze Zeit dauerten.

Entscheidend ist die Art und Weise, wie ein verpasstes Thema wieder aufgenommen werden kann. Auch wenn es die PädagogInnen eine gewisse Überwindung kostet, einzugestehen, dass sie etwas übersehen, falsch eingeschätzt, erst nachträglich erkannt haben, so ist es doch eigentlich nicht schwer, Kinder mit Worten wie „Ich war so geschockt, überrascht, habe das nicht durchschaut" zu gewinnen und zu überzeugen. Selbst ein schlichtes „Ich habe erst jetzt mit Frau Weber (andere Lehrerin) in einer Beratungsstelle darüber gesprochen" ist eine Begründung, die Kinder akzeptieren können. Sie sollen sogar lernen, dass Erwachsene auch Fehler machen und dass es ein normaler Vorgang ist – insbesondere auch für Jungen und Männer – so etwas zuzugeben und sich um eine Änderung zu bemühen. Der weitere Verlauf von Gesprächen und Maßnahmen orientiert sich am fachlichen Umgang, wie er in den folgenden Abschnitten für die unmittelbare Intervention dargestellt ist.

Auch bisher unzufriedene oder besorgte Eltern können durch solche Aufrichtigkeit überzeugt werden. Dieses Eingeständnis muss jedoch damit verbunden sein, dass das geplante weitere Vorgehen angekündigt wird, z.B. dass man sich um einen Termin in einer Beratungsstelle kümmern und anschließend den Eltern die Ergebnisse mitteilen wird, und dass das Angekündigte auch tatsächlich eingehalten wird

Die Möglichkeit einer nachholenden Intervention wird von PädagogInnen als Entlastung erlebt: Es ist nicht alles verloren, wenn es eine unbedachte spontane Reaktion gegeben hat. Auch machen die hohen Anforderungen an die Fachlichkeit zu diesem Thema nicht so viel Angst, wenn es die Möglichkeit gibt, Fehler wieder „gerade zu rücken".

WAS BRAUCHEN DIE KINDER?
GEEIGNETE REAKTIONEN UND MASSNAHMEN

Der fachliche Umgang mit dem betroffenen Kind, mit dem übergriffigen Kind und mit der Kindergruppe oder Klasse ist der zentrale Bereich der Intervention. Dieser Umgang findet in Gesprächen statt, drückt sich in Maßnahmen aus und durchzieht für eine gewisse Zeit den pädagogischen Alltag.

Das betroffene Mädchen oder der betroffene Junge braucht die Aufmerksamkeit und Zuwendung der PädagogInnen – und zwar zuerst, denn der Umgang mit den beteiligten Kindern verlangt eine klare Prioritätensetzung: Das betroffene Kind hat Vorrang. Sein Selbstbestimmungsrecht, seine Gefühle und vielleicht sein Körper wurden verletzt; und Intervention als Kinderschutzanliegen hat zuallererst das Ziel, diesem Kind gerecht zu werden. Der Übergriff muss beendet werden, sofern er noch andauert, und im Anschluss daran muss man sich dem betroffenen Mädchen oder Jungen zuwenden. Erst danach kann es um das übergriffige Kind gehen: Ihm muss klar die Grenze aufgezeigt werden, die es überschritten hat, es muss die Folgen tragen, Maßnahmen müssen ergriffen werden, die eine Wiederholung oder Fortsetzung verhindern, und es muss Hilfe bekommen, wenn das nötig oder sinnvoll erscheint.

> Der Umgang mit den beteiligten Kindern verlangt eine klare Prioritätensetzung: Das betroffene Kind hat Vorrang. Intervention als Kinderschutzanliegen hat zuallererst das Ziel, diesem Kind gerecht zu werden.

Die Einhaltung dieser Reihenfolge – Schutz des betroffenen Kindes vor Hinwendung zum übergriffigen Kind – ist entscheidend. Sie strukturiert den weiteren Verlauf der Intervention und sollte in der Kommunikation mit allen Beteiligten als bewusst gewählte Haltung offensiv vertreten werden. Die Erfahrung zeigt, dass es schnell zur Verdrehung dieser Reihenfolge kommt, vor allem wenn das übergriffige Kind selbst ein Missbrauchs- oder Misshandlungsopfer zu sein scheint. Allzu schnell konzentriert sich das Mitgefühl dann auf dieses Kind und wird den anderen Kindern entzogen – und damit auch den Kindern, die ganz aktuell sexuelle Übergriffe erlitten haben. Aber auch in Fällen, wo nichts darauf hinweist, dass das übergriffige Kind selbst Gewalterfahrungen machen musste, erhält es manchmal größere Aufmerksamkeit und Zuwendung als das betroffene Kind. PädagogInnen konzentrieren sich dann ausschließlich auf die Motive, die das übergriffige Kind zu seinem Verhalten veranlasst haben könnten, und verlieren das betroffene Kind aus dem Blick. Um hier die Prioritätensetzung zugunsten der betroffenen Kinder beizubehalten, müssen sich PädagogInnen immer wieder klar machen, dass sie für alle Kinder und vor allem für den Schutz aller Kinder zuständig sind.

Schutz, Trost, Stärkung: Der Umgang mit dem betroffenen Kind

Die emotionale Situation betroffener Kinder kann nach einem sexuellen Übergriff sehr unterschiedlich sein: Während das eine Kind wütend ist, reagiert das andere eher traurig und verletzt. Manche Kinder haben Schuld- und Schamgefühle, andere wissen sehr genau, dass sie für das Geschehen keine Verantwortung tragen. Einige Kinder wollen nicht lästig sein, andere verlangen sehr deutlich, dass das übergriffige Kind bestraft wird. Der Umgang mit den betroffenen Kindern kann insofern sehr unterschiedlich aussehen und sollte sich immer an den individuellen Bedürfnissen des betroffenen Kindes orientieren.

Immer sollte dafür gesorgt werden, dass ein erstes Gespräch, der erste Kontakt mit dem betroffenen Kind in einer ruhigen Atmosphäre statt findet, ungestört von anderen neugierigen oder lärmenden Kindern. Müssen für diese Gesprächssituation noch Vorbereitungen getroffen werden, z.B. Aufsicht für die anderen Kinder organisiert oder ein geeigneter Raum gesucht werden, sollte das betroffene Kind von dieser Absicht informiert weren, damit es weiß, dass es in absehbarer Zeit die ungeteilte Aufmerksamkeit der Lehrkraft oder der ErzieherIn erhalten wird.

Trost und Mitgefühl

Mädchen oder Jungen, die nach einem sexuellen Übergriff weinen oder auf andere Art ihre Traurigkeit oder Verletztheit ausdrücken, brauchen Trost und Mitgefühl. Trost bedeutet in erster Linie, dem Kind den Raum für seine Gefühle zu geben und ihm zu zeigen, dass seine Gefühle berechtigt sind. Das ist bereits Hilfe für das betroffene Kind. Völlig unangemessen sind Äußerungen wie „Aber so schlimm war´s doch nicht", denn sie zielen darauf ab, das Kind von seinen Gefühlen abzulenken. Mitgefühl bedeutet, dem Kind zu vermitteln, dass man seine Gefühle verstehen kann. Dies darf aber nicht darauf hinauslaufen, sich vollständig mit dem verletzten Kind zu identifizieren. PädagogInnen sollten mit den Gefühlen des Kindes gehen, sie ihnen aber nicht ab- oder wegnehmen. Wer selbst zu emotional auf den Vorfall reagiert, geht das Risiko ein, dass sich die Rollen vertauschen. Wenn Kinder spüren, dass das Mitgefühl eher eigene Gefühle der PädagogIn ausdrückt, neigen sie manchmal dazu, die tröstende Rolle zu übernehmen und die eigenen Gefühle zugunsten der Erwachsenen zurückzunehmen. Dann werden ihre Gefühle von anderen ausgelebt und ihnen weg genommen.

Betroffene Kinder, die nach Einschätzung ihrer LehrerInnen und ErzieherInnen zu wenig emotional reagieren, fühlen sich manchmal von ihnen gedrängt, Gefühle zu zeigen – Gefühle, die sie entweder nicht empfinden oder die sie nicht ausdrücken wollen oder können. Hier ist unbedingt Zurückhaltung angesagt, die Situation darf nicht dramatisiert werden. Die betroffenen Kinder sollen zwar merken, dass ihren Gefühlen Raum gegeben wird, dass Gefühle erlaubt sind, aber sie sollen ebenso spüren dass ihre persönliche Art, auf den sexuellen Übergriff zu reagieren, respektiert wird.

Trost und Mitgefühl kann sich auch in körperlicher Zuwendung ausdrücken – muss es aber

> Trost und Mitgefühl kann sich auch in körperlicher Zuwendung ausdrücken – muss es aber nicht. Hier ist unbedingt auf die individuellen Bedürfnisse, aber auch auf die Grenzen des Kindes zu achten.

nicht. Hier ist unbedingt auf die individuellen Bedürfnisse, aber auch auf die Grenzen des Kindes zu achten. Der dreijährige Steven will vielleicht auf den Schoß oder in den Arm genommen werden, während die fünfjährige Jessica das sanfte Streicheln über ihren Kopf genießt. Eine Schülerin findet es vielleicht schön, wenn die Lehrerin ihre Hand hält oder sich dicht an ihre Seite setzt. Ein Schüler hat vielleicht das gleiche Bedürfnis, möglicherweise ist es ihm aber auch lieber, wenn die Lehrerin vorsichtig den Arm um ihn legt. Je besser man das Kind kennt, umso leichter wird es fallen, die angemessene Form zu finden, um Trost auch körperlich auszudrücken. Hilfreich ist es hierbei, sich zu erinnern, wie sich das betroffene Kind in anderen Trost-Situationen verhält, z.B. wenn es sich beim Spielen verletzt hat. Vermeidet ein Kind auch in solchen Fällen Körperkontakt, sollte im Umgang mit einem sexuellen Übergriff nicht plötzlich anders verfahren werden.

Ängste abbauen

In dem Gespräch sollte dem betroffenen Kind das Gefühl vermittelt werden, dass es nicht lästig ist. Es soll erfahren, dass es nicht seinerseits Probleme bereitet, weil es ein Problem hat oder dieses Problem durch eine Beschwerde benannt hat. Man kann dem Kind sagen, wie froh man ist, davon erfahren zu haben, oder es auch direkt dafür loben, dass es sich anvertraut und Hilfe geholt hat. Das muss nicht in jedem Fall ausdrücklich geschehen, sollte für das Mädchen oder den Jungen aber deutlich in der zugewandten Haltung der PädagogIn erkennbar sein. Wenn das betroffene Kind sich erst spät dazu durchringen konnte, von dem sexuellen Übergriff zu erzählen, und dieser nun schon einige Zeit zurück liegt, sollte man auf jeden Fall vermeiden, dem Kind dies zum Vorwurf zu machen. Oft hat ein enormer Geheimnisdruck oder die Angst, als Petze zu gelten, das Kind so lange daran gehindert, sich auszusprechen. Deshalb kann es auch sinnvoll sein, zu fragen, wovor sich das Kind denn gefürchtet hat. So können die Ängste besprochen und der Unterschied zwischen guten und schlechten Geheimnissen und zwischen Petzen und Hilfe Holen aufgezeigt werden.

Vertrauen schenken

Hat man den sexuellen Übergriff nicht selbst beobachtet, sondern durch das betroffene Kind davon erfahren, sollte ihm unbedingt vermittelt werden, dass man ihm glaubt. Grundsätzlich ist davon auszugehen, dass weder betroffene noch beobachtende Kinder über sexuelle Übergriffe berichten, die nicht stattgefunden haben. Das Thema ist mit zu viel Peinlichkeit und Scham besetzt, als dass es sich dafür anbieten würde, sich damit „interessant zu machen" – ein Misstrauen, das jedoch von einigen wenigen PädagogInnen geäußert wird.

Tatsächlich kommen Falschbeschuldigungen in seltenen Einzelfällen bei Jugendlichen vor. Hier können Zurückweisung von Liebesgefühlen und der Wunsch, den Betreffenden durch die Falschbezichtigung zu bestrafen, eine Rolle spielen. Bei Kindern sind solche Fälle jedoch nicht bekannt.

Sollten die berichteten Einzelheiten nicht ausreichen, um sich ein Gesamtbild von der Situation zu machen, ist es selbstverständlich sinnvoll, das betroffene Kind genauer danach zu fragen, solange ihm dabei vermittelt wird, dass es nicht um Zweifel an seiner Aussage geht. Auch das übergriffige Kind soll eine Chance erhalten, sich zu äußern. Allerdings muss auch hier dringend der Eindruck vermieden werden, dass man Zweifel am bisher Gehörten hätte. (Genaueres hierzu im Abschnitt „Grenzsetzung, Maßnahmen, Zutrauen: Der Umgang mit dem übergriffigen Kind")

Gespräche unter sechs Augen – also mit beiden beteiligten Kindern – oder gar mit allen auch nur mittelbar Beteiligten, um herauszufinden, was vorgefallen ist, sind unbedingt zu vermeiden. In der Praxis greifen PädagogInnen häufig auf diese Gesprächssituationen zurück in der gut gemeinten Absicht, allen Beteiligten gerecht zu werden. Es wird oft als unfair empfunden, wenn das übergriffige Kind nicht direkt zu den Vorwürfen Stellung nehmen darf.

Man erhofft sich von so genannten Runden Tischen, dass sie allen Beteiligten die Möglichkeit geben, ihre Sicht der Dinge zu schildern, so dass die Wahrheit herausdestilliert werden kann. Die Erfahrungen zeigen jedoch, dass dieses Ziel so meist nicht zu erreichen ist, und zwar aus mehreren Gründen:

▶ Die Dynamik zwischen dem übergriffigen und dem betroffenen Kind kann sich in solchen gemeinsamen Gesprächen leicht unbemerkt fortsetzen, d.h. das betroffene Kind erlebt das übergriffige Kind auch noch im Gespräch als mächtiger, weil die Gesprächssituation seiner Unterlegenheit keinen Ausgleich verschafft. Sie beruht vielmehr auf der unzutreffenden Annahme, dass zwei grundsätzlich gleich starke Kinder ihre Sicht und ihre Argumente vorbringen können. Dabei wird jedoch verkannt, dass das betroffene Kind in der Regel keinen Grund hat, unberechtigte Beschwerden vorzubringen, während das übergriffige Kind durchaus hoffen kann, durch unzutreffende Schilderungen des Geschehenen nicht zur Verantwortung gezogen zu werden und Sanktionen verhindern zu können.

> Die Dynamik zwischen dem übergriffigen und dem betroffenen Kind kann sich in gemeinsamen Gesprächen leicht unbemerkt fortsetzen, weil die Gesprächssituation der Unterlegenheit des betroffenen Kindes keinen Ausgleich verschafft.

▶ Erfahrungsgemäß setzen übergriffige Kinder bei Gesprächen unter sechs Augen vieles daran, den Vorfall umzudeuten, ihn zu bagatellisieren oder die Verantwortung dem betroffenen Kind zuzuschieben – aus ihrer Situation ein durchaus verständliches Verhalten. Letztlich erschweren aber solche Gespräche den übergriffigen Kindern den Prozess der Einsicht in ihr Fehlverhalten.

▶ Für betroffene Kinder können derartige Gespräche zu einer unerträglichen Belastung werden, der sie oft nicht standhalten, weil sie spüren, dass ihre Glaubwürdigkeit bezweifelt oder zumindest durch die Aussagen des übergriffigen Kindes relativiert wird. Dann kann es vorkommen, dass sie einmal Gesagtes wieder zurücknehmen – aber nicht, weil es nicht stimmt, sondern weil sie merken, dass die anderen Beteiligten es nicht hören und glauben wollen.

Etwas anderes gilt für Gespräche unter sechs Augen, die einer Entschuldigung und/oder der Wiederannäherung der beteiligten Kinder dienen. (Näheres dazu unter der Überschrift „Maßnahmen" im Abschnitt „Grenzsetzung, Maßnahmen, Zutrauen: Der Umgang mit dem übergriffigen Kind")

Parteilichkeit

Für die gesamte Gesprächsführung ist die Haltung der Parteilichkeit der PädagogInnen für das betroffene Kind zentral. Diese Haltung verlangt konkret, die häufig eingenommene Perspektive des „Dazu gehören immer zwei!" aufzugeben. Gerade weil bei sexuellen Übergriffen häufig ein Machtgefälle zwischen den Kindern besteht und sexuelle Übergriffe nur selten zwischen gleich starken und gleich mächtigen Kindern stattfinden, braucht das betroffene Kind die Gewissheit, dass ihm keine Schuld an dem Vorgefallenen gegeben wird. Aber auch wo der sexuelle Übergriff im Überschwang geschah und das betroffene Kind nicht unbedingt das schwächere war, bleibt es dabei, dass es Unrecht erlitten hat und es deshalb keine Mitschuld trifft. Fragen wie „Und was hast du getan?", wie sie bei anderen Konflikten üblich sind (übrigens oft zu Unrecht, weil auch da nicht immer jedes Kind seinen Teil der Verantwortung am Geschehenen trägt), negieren das Machtgefälle bzw. relativieren die Betroffenheit des Kindes. Sie führen bei betroffenen Kindern zu dem Gefühl, im Stich gelassen zu werden, und vergrößern das erlittene Unrecht. In der Konsequenz kann eine solche Haltung die PädagogInnen als helfende und als Vertrauenspersonen sogar disqualifizieren. Umgekehrt kann die Erfahrung, dass PädagogInnen eine Haltung der Parteilichkeit für betroffene Kinder einnehmen, dazu führen, dass diese Kinder sie auch in Zukunft als AnsprechpartnerInnen wahrnehmen.

Unter keinen Umständen sollte im Umgang mit dem betroffenen Kind darauf abgezielt werden, sein Verständnis für das übergriffige Kind und seine Motive zu wecken. Das ist nicht die Aufgabe betroffener Kinder, denn Verständnis für das übergriffige Kind birgt die Gefahr, dass sie die eigene Betroffenheit relativieren. Zwar erlaubt das Verstehen manchen betroffenen Kindern, die Situation besser verarbeiten zu können, weil sie sich den Vorfall besser erklären können und sich weniger ohnmächtig erleben. Wo sich der Eindruck vermittelt, dass das betroffene Kind selbst davon profitiert, das übergriffige Kind ein Stück weit zu verstehen, sollte ihm diese Möglichkeit nicht genommen werden. Aber Verständnis kann auch zur Falle werden: Gerade Mädchen haben oft gelernt, dass von ihnen Verständnis erwartet wird, dass sie andere wichtiger als sich selbst nehmen sollen. Diese Verhaltensmuster sollten im Umgang mit betroffenen Mädchen nicht verstärkt werden; vielmehr sollten die Mädchen von dieser Anforderung entlastet werden.

Egal ob das betroffene Kind Verständnis für das übergriffige Kind zeigt oder nicht: Wichtig ist, dass die ErzieherIn oder LehrerIn den sexuellen Übergriff als Unrecht bewertet und von sich aus deutlich macht, dass sich das übergriffige Kind unabhängig von seinem Motiv so nicht verhalten durfte.

> Die Anforderungen an Parteilichkeit sollten nicht überschätzt werden. Parteilichkeit sollte immer situativ sein. Das bedeutet, dass sie sich aus der Übergriffssituation ergibt und sich nur auf den Umgang damit bezieht.

Die Anforderungen an Parteilichkeit sollten jedoch nicht überschätzt werden. Parteilichkeit sollte immer situativ sein. Das bedeutet, dass sich die Parteilichkeit aus der Übergriffssituation ergibt und sich nur auf den Umgang damit bezieht.

Die (falsche) Vorstellung, sich von nun an generell auf die Seite des aktuell betroffenen Kindes stellen zu müssen, hindert PädagogInnen oft daran, überhaupt eine parteiliche Haltung einzunehmen. Gerade wenn das betroffene Kind seinerseits öfter ein problematisches Verhalten zeigt, besteht die Gefahr, ihm nicht die angemessene Parteilichkeit zukommen zu lassen („Die ist doch auch nicht ohne! Sonst teilt sie doch aus!").

Das sonst übliche Verhalten des Kindes darf nicht zum Maßstab seiner Betroffenheit in der Übergriffssituation gemacht werden. ErzieherInnen oder LehrerInnen sollten sich also nicht generell auf die Seite des betroffenen Kindes stellen, sondern ihm vermitteln, dass es in dieser konkreten Situation mit ihrer ungeteilten Unterstützung und Zuwendung rechnen darf.

Übergriffige Kinder als Betroffene

Es fällt besonders schwer, eine solche Haltung einzunehmen, wenn dasselbe Kind vorher gegen andere übergriffig war, vielleicht dieses Verhalten sogar in die Gruppe gebracht hat und nun selbst von den Übergriffen anderer Kinder betroffen ist. Hier ist genaues Differenzieren und dessen Vermittlung besonders wichtig: Gerade solche Kinder müssen spüren, dass sie in vorangegangenen Situationen nicht als Person abgelehnt wurden, sondern dass die Ablehnung dem übergriffigen Verhalten galt. Es muss ihnen deutlich gemacht werden, dass sie durch ihr Vorverhalten nicht ihren Anspruch auf die nun benötigte Unterstützung und Parteilichkeit durch die PädagogInnen verwirkt haben.

Fallbeispiel

In der Schule war die zehnjährige Marina, die Opfer von sexuellem Missbrauch durch ihren Vater geworden war, durch eine stark sexualisierte Sprache in der Klasse aufgefallen. Als sie ihre Freundin Vera gegen deren Willen nackt unter der Dusche fotografierte, wurde sie von ihrem Klassenlehrer zur Rede gestellt und bestraft. Wenige Tage später vertraute Marina dem Lehrer an, dass Vera ihr beim gemeinsamen Übernachten mit Gewalt einen Finger in die Scheide gesteckt hatte. Sie musste erleben, dass sich der Lehrer für den von ihr erlittenen sexuellen Übergriff nicht mehr zuständig fühlte. Schließlich hätte sie ja mit diesen Sachen angefangen („Von dir hat sie das ja gelernt!") und bräuchte sich nun nicht zu wundern, dass ihr jetzt so etwas auch mal passiert.

In diesem Beispiel hatte sich der Lehrer zunächst entschieden für Vera eingesetzt und damit den Eindruck erweckt, dass im Fall eines sexuellen Übergriffs auf seine Parteilichkeit zugunsten des betroffenen Kindes Verlass sei. Gerade deshalb hatte sich Marina ihm anvertraut, als sie ihrerseits von einem sexuellen Übergriff betroffen war. Da der Lehrer jedoch zwischen den beiden Vorfällen nicht ausreichend zu differenzieren vermochte, wurde Marina nicht nur als betroffenes Mädchen im Stich gelassen, sondern darüber hinaus in ihrem Vertrauen in den Lehrer enttäuscht.

Kinder, die sich selbst zuvor sexuell übergriffig verhalten haben, sollen erfahren, dass die PädagogInnen ihre Grenzen schützen, wenn sie selbst betroffen sind, und dass die gleichen PädagogInnen sich schützend vor andere Kinder stellen, wenn diese durch das Kind sexuelle Übergriffe erleiden. Im Verlauf des gesamten Umgangs mit diesem Kind ist es entscheidend, ihm zu vermitteln, dass der Respekt vor den Grenzen anderer ihm selbst dabei helfen kann, die eigenen Grenzen zu spüren und ein Unrecht, das ihm selbst geschieht, angemessen einschätzen zu können.

Nur die Einsicht in sein eigenes Fehlverhalten und die Empathie für die von seinem Verhalten betroffenen Kinder können es schließlich auch zum Mitgefühl für sich selbst befähigen.

In einigen Fällen liegt das übergriffige Verhalten des nun betroffenen Kindes jedoch nicht länger zurück, sondern ist Teil von so genannten wechselseitigen sexuellen Übergriffen. Wechselseitige Übergriffe wie z.B. gegenseitiges Eierkneifen von Jungen sind nicht deshalb harmlos, weil übergriffiges Verhalten und Betroffensein bei denselben Jungen wechselt, alle in abwechselnden Rollen beteiligt sind. Wenn Kinder sich in solchen Situationen befinden, sind sie nicht miteinander „quitt", Eingreifen erübrigt sich nicht!

Sie brauchen einerseits als Betroffene Parteilichkeit und Unterstützung und andererseits als übergriffige Kinder die klare Zurechtweisung und gegebenenfalls Maßnahmen. Den Kindern diese unterschiedlichen Aspekte und entsprechend unterschiedlichen Haltungen der PädagogInnen deutlich zu machen, verlangt eine sehr differenzierte Einschätzung durch die PädagogInnen. Im Übrigen stellt sich bei wechselseitigen sexuellen Übergriffen bei genauerer Betrachtung jedoch fast immer heraus, dass die Verteilung der Rollen doch nicht so abwechselnd und gleichmäßig ist. Meist zeigt sich, dass einige Kinder eigentlich nicht mitmachen wollten, es aber nicht schafften, sich durchzusetzen, und deshalb „zum Gegenangriff" übergingen.

Stärkung

Der Umgang mit dem betroffenen Kind sollte auch das Ziel verfolgen, das Kind zu stärken. Dies gilt umso mehr, wenn das Kind schon häufiger als problematisch aufgefallen ist oder möglicherweise schon zuvor von gewalttätigen oder sexuellen Übergriffen betroffen war. Dazu bietet es sich an, die Widerstandspotenziale des Kindes hervorzuheben. Bei dem Kind soll sich der sexuelle Übergriff nicht als allumfassende Opfererfahrung einprägen, sondern als Unrechtssituation, der es auf seine Art etwas entgegengesetzt hat. Sei es, dass es sich körperlich gewehrt hat, weggelaufen ist oder seinen Widerstand irgendwie anders, z.B. durch Gestik oder Mimik ausgedrückt hat, um Hilfe gerufen oder später davon erzählt hat.

> Bei dem Kind soll sich der sexuelle Übergriff nicht als allumfassende Opfererfahrung einprägen, sondern als Unrechtssituation, der es auf seine Art etwas entgegengesetzt hat. Diese Sicht auf das Geschehen wirkt in nachhaltiger Weise stärkend.

Diese Sicht auf das Geschehene wirkt in nachhaltiger Weise stärkend. Die Teilerfahrung von Stärke in einer Gewaltsituation sollte dringend als Muster gelernt und unterstützt werden. Sätze wie „Und hast du denn gar nichts dagegen gemacht?" weisen in die falsche Richtung und haben den Beigeschmack eines Vorwurfs, der zudem Schuldgefühle auslösen kann. Es darf nicht dazu kommen, dass ein betroffenes Kind mit der Botschaft leben muss, dass es (wieder) versagt hat und womöglich selbst Schuld ist.

Umgang mit Ambivalenz

Wo Kinder ambivalent auf sexuelle Übergriffe reagieren, fällt es PädagogInnen oftmals schwer, diese stärkende Perspektive einzunehmen. Aufgrund der uneindeutigen Reaktion des betroffenen Kindes wird unterschwellig oder manchmal auch offen eine Mitschuld formuliert.

Lehrkräfte sind oft regelrecht genervt von Mädchen, die Übergriffe nicht mit der gewünschten Entschiedenheit abwehren, sondern scheinbar kokettieren und sich dennoch beschweren. Zum einen sollten diese Mädchen natürlich dennoch in ihrem Recht auf Abwehr gestärkt und dazu ermutigt werden. Zum anderen muss jedoch berücksichtigt werden, dass gerade solche Mädchen, die sonst wenig Beachtung durch Gleichaltrige erfahren, auch einen Übergriff als eine Form von Beachtung werten und ihm damit einen vermeintlich positiven Aspekt abgewinnen. Hinter dem Lachen vieler Mädchen steckt aber auch die Unsicherheit, ob sie sich überhaupt wehren dürfen, oder die Angst, sich unbeliebt zu machen, falls sie sich wehren. Ist ein solcher Hintergrund zu vermuten, sollte er angesprochen und problematisiert und nach Möglichkeit längerfristig bearbeitet werden.

Lachen statt Nein-Sagen oder lachendes Nein-Sagen sind Reaktionsweisen, die auch Jungen oft wählen. Natürlich kann es eine sinnvolle Strategie sein, die eigenen Gefühle und wunden Punkte nicht zu zeigen, um sich vor weiteren Verletzungen zu schützen. Das Problem für Jungen besteht aber darin, dass diese Reaktionsweisen leicht zu einem Verhaltensmuster werden, wenn sie gelernt haben, grundsätzlich Gefühle von Schwäche nicht mehr zu zeigen. Das führt häufig dazu, dass sie ihre Gefühle auch nicht mehr spüren. Die Gefahr, die diese Reaktionsweisen für den betroffenen Jungen bergen, sollte in dem Gespräch unbedingt thematisiert und als pädagogisches Thema im Auge behalten werden.

Wenn Kinder lachend Nein sagen, kann dies auch bedeuten, dass sie „zur Probe" Nein sagen, um festzustellen, ob eine authentische Abwehrreaktion überhaupt möglich ist und Aussicht auf Erfolg hat. Bei jüngeren Kindern kann das Fehlschlagen eines solchen Versuchs sogar dazu führen, dass sie auch auf Befragen behaupten, dass sie freiwillig mitgemacht haben. Hier müssen die Kenntnis des Machtgefälles und der Gruppenstruktur zur Übernahme der Verantwortung durch die Fachkräfte führen: Das betroffene Kind muss entlastet und in der Wahrnehmung, dass es hier ausgenutzt wurde, gestärkt werden.

Bei den betroffenen Kindern, die Schwierigkeiten haben zu zeigen, wo ihre Grenze ist, kann es sich auch um Mädchen oder Jungen handeln, die nicht gelernt haben zu erkennen, wo diese Grenzen bei ihnen verlaufen. Entscheidend dabei sind Vorerfahrungen aus Familien und anderen Kindergruppen, die sie daran hindern, authentisch ihre Gefühle erleben und ausdrücken zu können. Solche Erfahrungen bedürfen dringend der Korrektur, die Kinder brauchen Unterstützung, manchmal sogar Training beim Erfühlen der eigenen Grenzen.

Deutliche Botschaften

Kinder, die von einem sexuellen Übergriff betroffen sind, brauchen die deutliche Botschaft, dass sie in Zukunft davor geschützt werden, dass geeignete Maßnahmen getroffen werden und dass ErzieherInnen oder LehrerInnen sich dies zu einem eigenen Anliegen machen. Das betroffene Kind soll am Umgang der PädagogInnen mit dem übergriffigen Kind erkennen, dass dieses nicht länger das mächtigere Kind ist. Denn als mächtig hat das betroffene Kind das andere erlebt. Es muss also eine „symbolische Entmachtung" stattfinden dadurch, dass die PädagogInnen zeigen, dass sie die Macht haben, das übergriffige Kind in seine Schranken zu weisen. Wenn dies gelingt, reduziert sich die Gefahr gravierender psychischer Folgen für das betroffene Kind, denn diese sind in der Regel umso schwerwiegender, je dauerhafter das Kind sich als ohnmächtig erlebt hat.

> Das betroffene Kind soll am Umgang der PädagogInnen mit dem übergriffigen Kind erkennen, dass dieses nicht länger das mächtigere Kind ist. Es muss eine „symbolische Entmachtung" stattfinden, indem das übergriffige Kind in seine Schranken verwiesen wird.

Abschließend sollte mit dem betroffenen Kind geklärt werden, ob und in welcher Form die Kindergruppe oder Klasse über den sexuellen Übergriff informiert werden soll. Dabei sollte ihm zugesichert werden, dass es nicht darum geht, intime Details des sexuellen Übergriffs preiszugeben, sondern darum, allen Kindern deutlich zu machen, dass sexuelle Übergriffe Kinder verletzen, dass sie nicht erlaubt sind und Folgen haben, und zugleich alle Kinder zu ermutigen, sich anzuvertrauen, wenn ihnen so etwas passieren sollte.

Wenn das Kind von intensiveren oder mehrfachen sexuellen Übergriffen betroffen war, ist möglicherweise ein einmaliges Gespräch nicht ausreichend. Man kann weitere Gesprächsangebote machen, darauf eingehen, wenn das betroffene Kind von sich aus das Bedürfnis nach Zuwendung zeigt, und im pädagogischen Alltag die Stärkung dieses Kindes im Auge behalten. Alle Aspekte des fachlichen Umgangs mit dem betroffenen Kind, wie sie am Beispiel des ersten Gesprächs ausführlich dargestellt wurden, sollten auch den weiteren Umgang mit diesem Kind bestimmen.

Wichtig ist jedoch, das betroffene Kind nicht dauerhaft nur vor dem Hintergrund des sexuellen Übergriffs wahrzunehmen, denn es könnte sich schlimmstenfalls stigmatisiert fühlen. Man sollte sich darum bemühen, das Kind auch weiterhin so zu betrachten, wie man es kennt, wie es sonst ist und sich verhält.

Grenzsetzung, Maßnahmen, Zutrauen: Der Umgang mit dem übergriffigen Kind

Grenzsetzung

Ein Junge oder ein Mädchen, das die sexuellen Grenzen eines anderen Kindes verletzt hat, sei es im Überschwang oder absichtlich, indem es seine Überlegenheit ausgenutzt hat, muss eine deutliche Grenzsetzung durch Erwachsene erfahren. Nur so kann es begreifen, dass es sich falsch verhalten hat und dass die Einhaltung dieser Grenze von den PädagogInnen unbedingt gewollt ist. Anderenfalls erleben übergriffige Kinder, dass diese Grenze verschiebbar ist, dass die PädagogInnen es damit nicht wirklich ernst meinen.

Ein übergriffiges Kind muss erleben, dass seine Macht ihr Ende findet, sobald sich die PädagogInnen einschalten. Das beim sexuellen Übergriff häufig ausgenutzte Machtverhältnis gegenüber dem betroffenen Kind wird wirkungslos durch die strukturelle Überlegenheit, die positive Autorität der PädagogInnen, die diese zugunsten und zum Schutz des betroffenen Kindes einsetzen. Jungen, die nicht daran gewöhnt sind, die Abwehr von Mädchen zu respektieren, meinen auch häufig, sie nicht erkennen zu können. Erst das Eingreifen eines Erwachsenen macht ihnen überhaupt die Grenze klar.[49]

---

49 Heiliger, Anita/Engelfried, Constance: Sexuelle Gewalt. Männliche Sozialisation und potentielle Täterschaft. Frankfurt am Main 1995, S. 137 f.

Dies geschieht dadurch, dass die ErzieherIn oder LehrerIn von sich aus den sexuellen Übergriff, falls er noch andauert, entschieden beendet, und/oder dadurch, dass das übergriffige Kind mit seinem Verhalten konfrontiert wird. Dies kann zunächst mit wenigen Sätzen geschehen („Hör sofort auf damit! Ich will nicht, dass du Lina weh tust, dass du Lina so behandelst!"), da die Zuwendung für das betroffene Kind Priorität hat und ein Gespräch mit ihm Vorrang hat. Das übergriffige Kind muss jedoch bereits zu diesem Zeitpunkt erfahren, dass ein ausführliches Gespräch und gegebenenfalls Maßnahmen folgen werden, dass man sich aber zuerst um das betroffene Kind kümmern wird.

Gestaltung des Gesprächs

Um mit dem übergriffigen Kind tatsächlich in Kontakt zu kommen, ist es sinnvoll, eine ruhige Situation aufzusuchen, um die Konzentration des Kindes nicht durch Ablenkungen zu stören. Das Gespräch sollte in Augenhöhe geführt werden und wenn möglich mit Blickkontakt. Blickkontakt sollte aber nicht erzwungen werden (etwa: „Schau mich an, wenn ich mit dir rede!"), denn manche Kinder wenden den Blick ab, um sich zu schützen. Werden sie gezwungen, die Erwachsenen anzusehen, können sie das als Gewalt empfinden. Dann dominiert bei ihnen das Gefühl von Angst und verhindert die gewünschte Aufmerksamkeit. Wenn man solche Probleme feststellt, ist es besser, dem Kind den Blickkontakt ausdrücklich zu ersparen. Dafür muss das Kind aber aktiv zusichern, dass es trotzdem aufmerksam zuhört.

Bei dem Gespräch ist weiter darauf zu achten, dass das Kind nicht mit einem Wortschwall überschüttet wird. Grundsätzlich gilt: Je jünger das Kind, umso kürzer das Gespräch (Kurze Gespräche für „kurze" Kinder!). Langatmige Ausführungen verlieren ihre Wirkung und überfordern Kinder.

> Bei dem Gespräch ist darauf zu achten, dass das Kind nicht mit einem Wortschwall überschüttet wird. Grundsätzlich gilt: Je jünger das Kind, umso kürzer das Gespräch. Langatmige Ausführungen verlieren ihre Wirkung und überfordern Kinder.

Im Gespräch muss der Anlass, der sexuelle Übergriff, genau benannt werden. Der übergriffige Junge, bzw. das übergriffige Mädchen soll hören, dass es für sein Verhalten verantwortlich gemacht wird, sein Verhalten muss bewertet und von der ErzieherIn oder Lehrkraft deutlich abgelehnt werden. Das Kind muss aufgefordert werden, unbedingt dieses Verhalten zu unterlassen, und dabei vermittelt bekommen, dass man ihm diese Verhaltensänderung zutraut. Das Ziel des Umgangs mit dem übergriffigen Kind, d.h. dieses und gegebenenfalls weiterer Gespräche sowie der ergriffenen Maßnahmen ist es, die Einsicht des übergriffigen Kindes in sein Fehlverhalten zu fördern. Denn das ist der beste Schutz für das betroffene Kind und zugleich der einzige Weg für das übergriffige Kind, eine authentische Verhaltensänderung zu erreichen.

Sympathie

Gerade im Umgang mit dem übergriffigen Kind kommt es entscheidend auf das souveräne Auftreten der PädagogInnen an. Sie sollten keinen Zweifel daran lassen, dass sie auf die Situation des sexuellen Übergriffs bezogen parteilich für das betroffene Kind sind.

Die Erfahrungen zeigen jedoch, dass diese Haltung PädagogInnen oft dann schwer fällt, wenn das übergriffige Kind sonst im Schul- oder Kita-Alltag eher angenehm auffällt und bei den PädagogInnen beliebt ist.

Äußerungen wie „Der ist doch bei allen so beliebt, das hat der doch gar nicht nötig!" zeigen, dass einem solchen Kind sexuell übergriffiges Verhalten oft kaum zugetraut wird. Haben die PädagogInnen den sexuellen Übergriff nicht selbst beobachtet, ähneln die Reaktionen auf entsprechende Beschwerden oder Hinweise oftmals denen, die auftreten, wenn ein angesehener und sympathischer Erwachsener (der Kollege, der Kinderarzt, der hilfsbereite Nachbar) im Verdacht steht, Kinder sexuell missbraucht zu haben.

Mit Äußerungen wie „Aber der doch nicht..." wird zum Ausdruck gebracht, dass man nicht wahrhaben will oder sich nicht vorstellen kann, dass ein Mensch über sehr verschiedene und gegensätzliche Facetten seiner Persönlichkeit verfügen kann. Das gilt auch für Kinder.

Bevor man sich also dem übergriffigen Kind zuwendet, muss eine eigene Auseinandersetzung mit dieser Problematik stattgefunden haben. Selbst wo PädagogInnen den sexuellen Übergriff gesehen haben, fällt es ihnen manchmal schwer, mit der angemessenen Strenge und Klarheit auf dieses Verhalten zu reagieren, wenn sie das übergriffige Kind sehr mögen.

Deshalb ist es wichtig, sich über das „Problem der Sympathie" bewusst zu werden, bevor man mit dem übergriffigen Kind spricht. Anderenfalls besteht die Gefahr, dass es spürt, dass es „Vorschusslorbeeren" hat, dass es infolge dessen die Strenge der PädagogIn nicht als echt erlebt und deshalb für sich relativieren kann. Wenn man sich allerdings klar macht, dass es nicht nur darum geht, ein übergriffiges Kind zu maßregeln, sondern auch darum, ihm die Chance zu geben, aus einem gewaltbereiten Verhaltensmuster auszubrechen, bzw. es gar nicht erst zu erlernen, kann die Sympathie auch positiv genutzt werden.

Weiß die LehrerIn oder die ErzieherIn jedoch, dass es ihr nicht gelingen wird, dem übergriffigen Kind gegenüber angemessen aufzutreten, kann es sinnvoll sein, diese Auseinandersetzung einer anderen pädagogischen Fachkraft zu übertragen, die sich emotional weniger involviert fühlt. Aber auch dann darf dem übergriffigen Kind nicht der Eindruck vermittelt werden, dass wenigstens eine PädagogIn augenzwinkernd „zu ihm hält".

So wie die Parteilichkeit dem betroffenen Kind nur situativ – also auf die Übergriffssituation bezogen – gilt, so darf die Ablehnung nur dem übergriffigen Verhalten, nicht aber dem übergriffigen Kind als ganzer Person gelten.

Um zu unterstreichen, dass nicht das Kind als Person in die Kritik geraten ist, sondern sein übergriffiges Verhalten, kann man ihm zusichern, dass in einer vergleichbaren Situation, in der es selbst von sexuellen oder anderen Übergriffen betroffen ist, natürlich ihm geholfen werden, dass die Parteilichkeit dann ihm gelten wird.

So wie die Parteilichkeit dem betroffenen Kind nur situativ – also auf die Übergriffssituation bezogen – gilt, so darf die Ablehnung nur dem übergriffigen Verhalten, nicht aber dem übergriffigen Kind als ganzer Person gelten.

Es darf nicht darum gehen, ein übergriffiges Kind abzustempeln oder an den Pranger zu stellen. Diese Haltung sollte den gesamten Umgang mit dem übergriffigen Kind bestimmen, am besten im Gespräch ausdrücklich klar gestellt werden.

Antipathie

Ist das übergriffige Kind eines, mit dem man im pädagogischen Alltag schon häufig Schwierigkeiten hatte, oder hat man – aus welchen Gründen auch immer – nur wenig Sympathie für dieses Kind, ist es wichtig, dies im Gespräch nicht zum Tragen kommen zu lassen. Das Kind darf keinen aufgestauten Ärger zu spüren bekommen; der sexuelle Übergriff darf nicht als Anlass missbraucht werden, diesem Kind einmal grundsätzlich seine negativen Emotionen zu zeigen. Sonst besteht zum einen die Gefahr, dass sich das Kind als ganze Person abgelehnt fühlt, und zum anderen, dass das übergriffige Kind das Bedürfnis entwickelt, sich in dieser Auseinandersetzung zu schützen und sich zu verschließen. Das Ziel, es zur Einsicht und zu verändertem Verhalten zu bewegen, kann dann nicht erreicht werden. Wo sich pädagogische Fachkräfte zu dieser professionellen Haltung nicht in der Lage fühlen, ist es dringend geraten, eine andere PädagogIn zu bitten, dieses Gespräch zu führen.

In der Praxis kommt es auch vor, dass solche Gespräche scheitern, weil die ErzieherInnen oder Lehrkräfte auf den sexuellen Übergriff so stark emotional reagieren, dass sie dem übergriffigen Kind nicht gerecht werden können. Eigene Vorerfahrungen mit sexueller Gewalt können hier eine Rolle spielen. Unter Umständen wird das übergriffige Kind aus der Perspektive der PädagogIn zu einem Täter und muss Reaktionen erleben, die seinem tatsächlichen Verhalten völlig unangemessen sind. In solchen Fällen ist es besonders wichtig, dieses Gespräch nicht überstürzt zu führen, sondern sich die nötige Zeit zu nehmen, um sich mit seinen eigenen Gefühlen auseinander zu setzen und herauszufinden, ob man sich diesem Gespräch gewachsen fühlt. Auch hier kann das Ergebnis sein, dass man das Gespräch besser einer Kollegin oder einem Kollegen überlässt.

Position beziehen

Die Erfahrungen zeigen, dass übergriffige Kinder oftmals wütend werden, weil sie den Eindruck haben, dass sie ihr Problem – die Zurechtweisung und gegebenenfalls weitere Maßnahmen – dem betroffenen Kind zu „verdanken" haben. Sie bezeichnen das betroffene oder sich beschwerende Kinder als Petzen und leugnen das Vorgefallene, stellen es anders dar oder relativieren es. Dies sind deutliche Anzeichen dafür, dass das Kind (noch) keine Einsicht in sein Fehlverhalten hat, sich nicht wirklich verantwortlich fühlt und die Verantwortung dafür, dass es jetzt Probleme gibt, dem betroffenen Kind zuschiebt.

Damit sich das übergriffige Kind nicht dieser Haltung festbeißt, sollten hier sofort Grenzen gesetzt und entsprechenden Äußerungen kein weiterer Raum gegeben werden. Statt dessen ist es in solchen Situationen wichtig, dem Kind zu verdeutlichen, was der Unterschied zwischen Petzen und Hilfe Holen ist. Weiter muss das übergriffige Kind erfahren, dass die PädagogInnen den sexuellen Übergriff zu ihrem Anliegen machen. Das bedeutet, dass sie erwarten, dass sich Kinder mit solchen Vorfällen an sie wenden, und falls dies nicht geschieht, sie von sich aus solche Probleme thematisieren und sich darum kümmern werden.

Es muss deutlich werden, dass nicht nur das betroffene Kind den sexuellen Übergriff nicht wollte, sondern dass auch die Lehrkräfte bzw. ErzieherInnen nicht wollen, dass so etwas in dieser Schule oder Kita passiert. Um zu verhindern, dass das übergriffige Kind sich darauf versteift, den Vorfall abzustreiten, sollte man unbedingt klar stellen, dass man keinen Zweifel an dem Berichteten oder selbst Beobachteten hat. Um dies glaubwürdig vermitteln zu können, ist es natürlich erforderlich, dass die Pädagogin oder der Pädagoge zunächst für sich selbst jegliche Zweifel ausgeräumt hat, die etwa, wie oben beschrieben, aus der Sympathie für das übergriffige Kind resultieren. Selbstverständlich muss der Junge oder das Mädchen die Gelegenheit bekommen, seine Wahrnehmung

> Um zu verhindern, dass das übergriffige Kind sich darauf versteift, den Vorfall abzustreiten, sollte man unbedingt klar stellen, dass es nicht darum gehen wird, die Beschwerde eines betroffenen Kindes als unglaubwürdig zu entlarven.

mitzuteilen und eigene Aspekte zu ergänzen. Aber das übergriffige Kind soll deutlich spüren, dass es nicht darum gehen wird, die Beschwerde eines betroffenen Kindes als unglaubwürdig zu entlarven. Hier ist der Hinweis angebracht, dass man aus Erfahrung weiß, dass kein Kind sich solche Sachen ausdenkt.

Die Gesprächsführung könnte konkret so aussehen, dass man dem übergriffigen Kind zunächst mitteilt, was man über den sexuellen Übergriff weiß, und es im Anschluss daran fragt, ob es etwas ergänzen möchte. Keinesfalls sollte gefragt werden, ob das Gehörte so stimmt. Auch direkte Fragen nach den Motiven („Warum tust du so was?") sollten unterbleiben. Zum einen können die wenigsten Kinder darauf antworten, zum anderen fühlen sich viele Kinder dadurch aufgefordert, sich zu rechtfertigen und das Vorverhalten des betroffenen Kindes als Ursache für ihr eigenes Verhalten zu benennen, um die Verantwortung ihm zuzuschieben. („Die ist ja selber Schuld! Die wollte mich nicht mitspielen lassen ...!)

Wo das übergriffige Kind von sich aus das Vorverhalten des betroffenen Kindes als Auslöser beschreibt, muss genau differenziert werden. Dazu ein Beispiel:

Beispiel

In einem Fall hatte die Viertklässlerin Mandy ihren Mitschüler Steffen verbal attackiert und sich über seine langen Haare lustig gemacht. Aus Wut über ihre Demütigungen hatte er ihr daraufhin die Unterhose herunter gezogen.

Hier muss der übergriffige Junge einerseits das Mitgefühl der Lehrkraft für die Demütigung bekommen und erfahren, dass sie das Vorverhalten des Mädchens ablehnt. Sie kann ihm versprechen, unabhängig vom sexuellen Übergriff, das Mädchen deshalb zur Rede zu stellen und von ihr zu verlangen, dass sie das in Zukunft unterlässt. Aber der Junge muss andererseits auch erfahren, dass seine Reaktion völlig unangemessen war, dass das Verhalten des Mädchens ihn niemals zu einem sexuellen Übergriff berechtigt. Die Lehrkraft sollte deutlich machen, dass sie sich gewünscht hätte, dass er sich bei ihr Unterstützung holt, wenn er so behandelt wird und sich nicht angemessen dagegen wehren kann.

Die deutliche Botschaft, dass sexuelle Übergriffe kein toleriertes Mittel sind, um Grenzverletzungen zu quittieren, muss ausgesprochen werden. Bei dieser Einschätzung bleibt es auch, wenn die zuvor erfolgte Grenzverletzung ebenfalls ein sexueller Übergriff war, wenn also z.B. Mandy ihren Mitschüler als „Schwuchtel" oder „Wichser" beschimpft hätte. Bei solchen wechselseitigen sexuellen Übergriffen ist es wichtig, dem übergriffigen Kind zu signalisieren, dass man seine Betroffenheit ebenso ernst nimmt, dass sich beides aber nicht gegeneinander aufhebt.

Eigene Betroffenheit bei übergriffigen Kindern
Wenn auch allgemeine Fragen nach den Motiven für den sexuellen Übergriff wenig Sinn machen, so kann es doch geboten sein, das übergriffige Kind konkret zu fragen, ob es selbst schon einmal so etwas erlebt hat. Das sollte aber erst im Verlauf des Gespräches geschehen, keinesfalls das Gespräch einleiten und damit den Fokus bestimmen. Denn orientiert man sich vorschnell an den möglichen Ursachen für das sexuell übergriffige Verhalten, verliert man das Verhalten selbst leicht aus dem Blick. Das Kind spürt keine angemessene Reaktion auf seine problematische Handlung und nimmt solche Professionellen nicht ernst.

Werden übergriffige Kinder danach gefragt, berichten sie in einigen, aber nicht allen Fällen, dann über in der Einrichtung (oder anderenorts) selbst erlittene sexuelle Übergriffe, die bislang unbemerkt geblieben waren. So klärt sich einerseits häufig die Frage nach den Ursachen für sexuell übergriffiges Verhalten; andererseits bietet sich dann ein Ansatzpunkt, um damit zu beginnen, einer sexuell übergriffigen Atmosphäre in einer Einrichtung Einhalt zu gebieten. Weitere Gespräche mit betroffenen und übergriffigen Kindern müssen dann erfolgen, konzeptionelle Überlegungen zum Umgang mit diesem Problem werden unverzichtbar.

In der Praxis konzentrieren sich PädagogInnen häufig vorschnell und manchmal sogar ausschließlich auf die Frage, ob das übergriffige Kind selbst Opfer von sexuellem Missbrauch durch Erwachsene war oder ist. In der Annahme, dass selbst erlebter sexueller Missbrauch meist für solche Vorfälle ursächlich sei, kommt es vor, dass das übergriffige Kind von ihnen automatisch als Opfer wahrgenommen und mit entsprechenden Fragen nach eigenen Erlebnissen konfrontiert wird. Aus zwei Gründen muss ein solches Vorgehen unbedingt unterbleiben:

Zum einen ist selbst erlebter sexueller Missbrauch keineswegs der häufigste Grund für sexuell übergriffiges Verhalten (vgl. dazu den Abschnitt „Ursachen und Erklärungsansätze für sexuelle Übergriffe durch Kinder" im Kapitel „Sexuelle Übergriffe unter Kindern"). Wird dieser Zusammenhang jedoch selbstverständlich angenommen, kommt es leicht zu unberechtigten Verdachtsäußerungen, die mitunter auch die Eltern des übergriffigen Kindes erreichen oder schlimmstenfalls betreffen und eine kooperative Kommunikation beinahe unmöglich machen.

Zum anderen ist aus der therapeutischen Arbeit mit übergriffigen Kindern und Jugendlichen bekannt, dass das Aufdecken der eigenen Gewalterfahrung des übergriffigen Kindes noch nicht unmittelbar dazu führt, dass es sein Verhalten auch ändert. Ein übereiltes Aufdecken der Gewalterfahrung „kann vielmehr frühere traumatische Erlebnisse reaktivieren. Diese Wiederbelebung alter Ohnmachterfahrungen birgt die Gefahr, dass das Kind/der Jugendliche die massiven Gefühle, die er kaum aushalten

Exkurs

kann und nicht spüren will, durch erneute Gewalthandlungen oder andere Formen der Destruktion zu kompensieren versucht."[50]

Solch eine Intervention ist auch in der pädagogischen Praxis eher gefährlich – und verlangt zudem in der Regel therapeutische Qualifikationen. Besteht der Verdacht, dass das übergriffige Kind sexuellen Missbrauch erleidet oder erlitten hat, sollten die pädagogischen Fachkräfte Unterstützung in einer spezialisierten Beratungsstelle suchen und keinesfalls ohne professionelle Hilfe versuchen, den Verdacht abzuklären.

Am Ende des Gesprächs sollte dem übergriffigen Kind mitgeteilt werden, welche Maßnahmen in Betracht kommen, damit es lernt, sich anders zu verhalten, bzw. um das betroffene und eventuell andere Kinder vor seinem sexuell übergriffigen Verhalten zu schützen.

Maßnahmen

Maßnahmen, Sanktionen oder auch Konsequenzen zielen anders als Strafen darauf ab, das Kind durch Einsicht von seinem Verhalten abzubringen. Es soll so lernen, die Grenze einzuhalten. Das gelingt nur, wenn die Maßnahmen in einem inneren Zusammenhang mit dem übergriffigen Verhalten stehen. Erst wo Maßnahmen dauerhaft versagen, ist es angebracht, über Strafen nachzudenken, denn Strafen zielen nicht auf Einsicht, sondern auf Abschreckung. Ein Kind zu bestrafen bedeutet, es mit Nachteilen zu konfrontieren, die zwar keinen direkten inneren Zusammenhang mit dem übergriffigen Verhalten aufweisen, die aber so gravierend sind, dass der Junge oder das Mädchen zur Vermeidung dieser unangenehmen Nachteile sein Verhalten ändert. Strafen sind das letzte Mittel, wenn Maßnahmen keine ausreichende Wirkung zeigen, denn

---

50 Meyer-Deters, Werner: Was Fritzchen nicht verlernt hat, tut Fritz immer noch. Leitlinien in der Arbeit mit kindlichen und jugendlichen Tätern. In: Enders, Ursula (Hg.): Zart war ich, bitter war´s. Handbuch gegen sexuellen Missbrauch. Köln 2001, S. 363

„Angst vor Strafe kann zwar davon abhalten, etwas Unrechtes zu tun, aber sie veranlasst uns nicht, das Rechte zu tun."[51] Das heißt, mit Strafen erreicht man – sofern sie wirken – nur ein Teilziel, nämlich das Unterlassen von sexuellen Übergriffen, aber nicht die Einsicht in das Fehlverhalten.

Zum Schutz der betroffenen Kinder ist es manchmal sinnvoll, wenigstens diesen Aspekt zu realisieren. Aber auch Strafen ersparen den PädagogInnen keine kontrollierenden Maßnahmen, denn Strafen stellen nicht automatisch einen sicheren Schutz für das betroffene Kind dar. Es bedeutet im Gegenteil, dass gerade bei Strafen kontrolliert werden muss, ob sie überhaupt wirken.

Mit Maßnahmen für das übergriffige Kind werden Botschaften an die unterschiedlichen Beteiligten – das betroffene Kind, das übergriffige Kind und die Kindergruppe oder Klasse – vermittelt:

▶ Sie sollen Wiederholungen verhindern und damit dem Schutz des betroffenen Kindes dienen. Zudem erfährt das betroffene Kind, dass es sich lohnt, Hilfe zu holen. Maßnahmen stärken das Selbstbewusstsein des betroffenen Kindes, weil es spürt, dass seine Integrität einen Wert darstellt, den die PädagogInnen verteidigen. Maßnahmen für das übergriffige Kind können auch zu Gefühlen von Genugtuung beim betroffenen Kind führen, weil seine verletzten Grenzen wieder hergestellt wurden. Solange solche Gefühle der Stärkung des betroffenen Kindes dienen, sind sie wünschenswert. Anders sieht es jedoch aus, wenn sie in Häme gegenüber dem übergriffigen Kind umschlagen, wenn also Schadenfreude ins Spiel kommt und das betroffene Kind die Maßnahme als Möglichkeit zur Demütigung des übergriffigen Kindes versteht. In solchen Fällen muss dem betroffenen Kind Einhalt geboten und es muss sehr deutlich über den Sinn der Maßnahme aufgeklärt werden.

---

51 Bettelheim, Bruno: Ein Leben für Kinder, Stuttgart 1989, S. 127

▶ Durch Maßnahmen zur Verhinderung von Wiederholungen soll dem übergriffigen Kind der Weg in ein grenzverletzendes oder gewalttätiges Verhaltensmuster versperrt werden. Sie zielen darauf, dass es mit dem Unrecht, das es angerichtet hat, in Kontakt kommt, dass es die Auswirkungen versteht und dass es durch Einsicht lernt, die Grenzen anderer Kinder zu respektieren.

▶ Darüber hinaus sollen Maßnahmen auch in der Kindergruppe oder Klasse ihre präventive Wirkung entfalten. Die am sexuellen Übergriff unbeteiligten Kinder lernen, dass solches Verhalten sich nicht lohnt, dass man damit „nicht durchkommt", sondern Konsequenzen zu erwarten hat. Und sie erfahren überdies, dass sie sich in einer Gruppensituation befinden, in der die PädagogInnen ihre Verantwortung ernst nehmen, wo es also Sinn macht, sich zu beschweren oder Hilfe zu holen.

Damit Maßnahmen diese Ziele erreichen können, müssen sie folgende Aspekte berücksichtigen:

▶ Es ist entscheidend, dass das übergriffige Kind, nicht aber das betroffene Kind eingeschränkt wird. Schutzangebote, die den Bewegungsradius des betroffenen Kindes verringern („Dann geh doch nicht mehr zu den Jungs in die Buddelkiste!", „Bleib doch einfach in der Nähe der Pausenaufsicht!"), sind oft gut gemeint, gehen aber zu seinen Lasten. In der Folge erscheinen dem betroffenen Kind manchmal die einschränkenden Maßnahmen belastender als der Übergriff, aus seiner Sicht hat sich seine Situation durch die Maßnahme noch verschlechtert. In solchen Fällen ist zu befürchten, dass betroffene Kinder in Zukunft nicht mehr über sexuelle Übergriffe berichten, weil es sich in ihren Augen nicht lohnt.

▶ Bei einschränkenden Maßnahmen ist darauf zu achten, dass sie zeitlich begrenzt sind, damit sich für das übergriffige Kind die Einsicht in sein Verhalten lohnt und es eine Perspektive für sein zukünftiges Verhalten entwickeln kann. Die Dauer der Maßnahme sollte dem Alter des Kindes angepasst sein, denn gerade jüngeren Kindern können längere Zeiträume unendlich erscheinen. Beispielsweise wäre eine Maßnahme, die einen übergriffigen Jungen verpflichtet, sich für zwei Wochen von dem betroffenen Mädchen fern zu halten, durchaus für einen Achtjährigen angemessen, für einen Dreijährigen aber nicht. Hier wäre ein Zeitraum von zwei bis drei Tagen dem Zeitgefühl entsprechend. Dem übergriffigen Kind muss vermittelt werden, dass man ihm im Anschluss an die Maßnahme die Chance geben will, sich anders zu verhalten, und dass man ihm das auch zutraut. Bereits an diesem Punkt beginnt die Hilfe für das übergriffige Kind, unabhängig von seinem jeweiligen Motiv. Dem übergriffigen Kind sollte das Ende der einschränkenden Maßnahme mitgeteilt werden. Es sollte dafür Anerkennung erhalten, dass es ihm gelungen ist, sich entsprechend der Maßnahme zu verhalten.

> Bei einschränkenden Maßnahmen ist darauf zu achten, dass sie zeitlich begrenzt sind. Die Dauer der Maßnahme sollte dem Alter des Kindes angepasst sein, denn gerade jüngeren Kindern können längere Zeiträume unendlich erscheinen.

▶ Maßnahmen dürfen keine unzumutbaren Auswirkungen auf das betroffene Kind haben. So wird das übergriffige Kind häufig aufgefordert, sich bei dem betroffenen Kind zu entschuldigen. Eine Entschuldigung ist aber nur sinnvoll, wenn sie wirklich ernst gemeint ist. Dafür muss das übergriffige Kind tatsächlich verstanden haben, was ihm vorgehalten wird, was es damit angerichtet hat, und es muss sein Verhalten ehrlich bedauern. Vorschnelle Entschuldigungen wirken kontraproduktiv, sie helfen dem betroffenen Kind nicht, sondern schieben ihm die Verantwortung zu, eine nicht als echt empfundenen Geste anzunehmen, zwingen es zum Verzeihen und entlasten nur das übergriffige Kind. Schlimmstenfalls lernt das übergriffige Kind und mit ihm die ganze Kindergruppe, dass eine Entschuldigung eine lästige, aber relativ unaufwändige Pflichtübung ist, mit der man „aus der Sache rauskommt".

▶ Es ist dringend davon abzuraten, dem betroffenen Kind die Entscheidung zu überlassen, was nun mit dem übergriffigen Kind geschehen soll, welche Maßnahme es sich wünscht. Zunächst würde mit diesem Vorgehen die Verantwortung auf das betroffene Kind abgewälzt, das damit überfordert wäre, denn Kinder können keine pädagogische Einschätzung zur Geeignetheit von Maßnahmen treffen. Sie neigen häufig zu Vorschlägen, die eher Strafen entsprechen und die zudem meist sehr gravierend ausfallen.

Vor allem aber würde das übergriffige Kind die fatale Botschaft erhalten, es hätte alle Konsequenzen dem betroffenen Kind zu „verdanken", was möglicher Weise neue Aggressionen freisetzen könnte. Das übergriffige Kind muss klar erkennen können, dass die PädagogInnen sich die Angelegenheit zueigen machen, dass sie allein verantwortlich sind für den weiteren Umgang mit dem Problem.

▶ Maßnahmen können nur wirken, wenn sie konsequent umgesetzt werden. Dazu bedarf es unter Umständen einer Koordination innerhalb des Kollegiums, die nicht immer spontan möglich ist. Deshalb ist es manchmal sinnvoll, Maßnahmen zwar anzukündigen, aber noch nicht zu konkretisieren. Dann kann in Ruhe gegebenenfalls mit den KollegInnen überlegt werden, welche Maßnahme geeignet und machbar sein könnte. Begründungen wie „Ich muss mir erst etwas Wirksames überlegen" oder „Das muss ich jetzt erst einmal mit Frau Schneider besprechen" sind besser, als später eine Maßnahme nicht durchsetzen zu können, weil die KollegInnen sie nicht mittragen.

Grundsätzlich gilt, dass es sinnvoller ist, eine weniger einschränkende Maßnahme auszuwählen, die tatsächlich durchsetzbar und kontrollierbar ist, als eine stärker einschränkende, die irgendwann im Sande verläuft, weil sie nicht praktikabel ist. Dabei können auch Erwägungen hinsichtlich der personellen Kapazitäten einen Einfluss auf die Entscheidung für eine Maßnahme haben. Wenn man beispielsweise einen Fünfjährigen verpflichtet, sich eine Woche lang immer im Blickfeld einer Erzieherin aufzuhalten, muss dabei bedacht werden, ob Krankheitsstand und Urlaubsregelung dies personell zulassen.

▶ Um dem übergriffigen Kind zu zeigen, dass sein Verhalten, aber nicht seine Person abgelehnt wird, dürfen Maßnahmen niemals entwürdigend sein. Sie dürfen nie Gleiches mit Gleichem vergelten. Maßnahmen sollen Einsicht und Verhaltensänderung ermöglichen, dabei aber das übergriffige Kind nicht demütigen. So ist zum Beispiel die im folgenden Fall ergriffene Maßnahme als ungeeignet und entwürdigend abzulehnen:

> Um dem übergriffigen Kind zu zeigen, dass sein Verhalten, aber nicht seine Person abgelehnt wird, dürfen Maßnahmen niemals entwürdigend sein oder Gleiches mit Gleichem vergelten. Sie sollen lediglich Einsicht und Verhaltensänderung ermögichen.

Ein Lehrer ist aufgebracht über den sexuellen Übergriff seines achtjährigen Schülers Ben, der seiner Mitschülerin Chantal, die Hose mitsamt dem Slip vor allen Kindern heruntergezogen hat. Er wirft Ben vor, dass er sich wohl nicht vorstellen kann, wie sich Chantal dabei gefühlt hat, und hebt ihn kurzerhand aufs Lehrerpult. Er kündigt ihm an, dass er ihm jetzt vor der gesamten Klasse die Hosen runter ziehen wird, damit er die Peinlichkeit selbst einmal spürt und in Zukunft solches Verhalten sein lassen wird. Als Ben zu weinen beginnt, hält der Lehrer den Zweck für erreicht und lässt ihn vom Pult herunter kommen.

Diese Maßnahme führt keinesfalls zu Empathie des Jungen für das Mädchen, sondern im schlimmsten Fall zu Aggression ihr gegenüber, denn „wegen ihr" wurde er in seinen Augen so behandelt. Zurück bleibt bei ihm ein verstörendes Gefühl von Demütigung und Ausgeliefertsein. Es besteht die große Gefahr, dass der Junge dieses Gefühl kompensieren wird, indem er gegenüber anderen Kindern (sexuell) aggressiv auftreten wird, um die Erfahrung von Schwäche und Unterlegenheit auszulöschen. Dabei wird er mehr als beim letzten Mal darauf achten, dass sein Verhalten nicht entdeckt wird, und möglicherweise das betroffene Kind stärker unter Druck setzen, den Übergriff geheim zu halten.

▶ Für das übergriffige Kind sollte eine Maßnahme ausgewählt werden, die sich erkennbar auf die Übergriffssituation bezieht. Sie muss der emotionalen Befindlichkeit so angemessen sein, dass sie die gewünschte Wirkung hat.

▶ Für welche Maßnahmen auch immer man sich entscheidet: Sie sollen zum Ausdruck bringen, dass grenzverletzendes und gewalttätiges Verhalten sanktioniert wird und nicht grundsätzlich sexuelles Verhalten.

Welche Maßnahme die geeignete ist, hängt von der Art und Intensität des sexuellen Übergriffs ab und von der Einschätzung, ob es sich dabei um eine beabsichtigte Grenzverletzung handelt oder um einen sexuellen Übergriff im Überschwang. Auch auf sexuelle Übergriffe, die im Überschwang geschehen sind, muss mit entsprechenden Maßnahmen reagiert werden, um eine Wiederholung zu vermeiden. Die Maßnahmen müssen dann jedoch der Tatsache Rechnung tragen, dass die Grenzverletzung nicht beabsichtigt war.

Ferner ist zu berücksichtigen, ob der Übergriff einmalig war oder sich bereits wiederholt hat. Diese Aspekte spielen eine Rolle bei der Entscheidung, ob Maßnahmen aus dem alltäglichen Katalog ergriffen werden oder ob Maßnahmen erforderlich sind, die stärkeren organisatorischen Aufwand verlangen. Darüber hinaus bieten sich in Kita und Grundschule jeweils unterschiedliche Maßnahmen an.

Maßnahmen in der Kita

Handelt es sich bei dem sexuellen Übergriff um eine einmalige Grenzverletzung im Rahmen eines sonst einverständlichen Doktorspiels, kann für jüngere Kinder ein ernstes Gespräch (wie oben dargestellt), das den Übergriff verdeutlicht („Serafina hat das gar nicht gewollt") und die Folgen klar macht („Serafina mag jetzt nicht mehr mit dir spielen, weil sie Angst hat, dass du das noch einmal machst!") schon eine geeignete Maßnahme sein. Denn in diesem Alter sind Kinder dadurch noch stärker zu beeindrucken, weil sie emotional sehr auf die Übereinstimmung mit den sie betreuenden Erwachsenen angewiesen sind.

Hat das übergriffige Kind sich schon mehrfach so verhalten, sucht es sich dabei gezielt schwächere Kinder aus, wendet es dabei erhebliche Gewalt an oder setzt es die betroffenen Kinder gezielt unter Druck, sind weitere Maßnahmen erforderlich:

▶ So kann das übergriffige Kind die Anweisung erhalten, sich für einige Tage von dem betroffenen Kind fern zu halten oder z.B. beim Mittagsschlaf weit entfernt vom betroffenen Kind zu liegen.

▶ Man kann dem übergriffigen Kind auch für einige Tage verbieten, den Toberaum, die Kuschelecke bzw. den Ort aufzusuchen, wo der Übergriff statt gefunden hat.

▶ Ist der sexuelle Übergriff auf der Toilette passiert, kann das Kind auch verpflichtet werden, in den nächsten Tagen den ErzieherInnen Bescheid zu sagen, wenn es auf die Toilette muss, damit sie dafür sorgen können, dass sich zu diesem Zeitpunkt keine anderen Kinder dort befinden.

▶ Solche Maßnahmen müssen überprüft werden. Wenn die ErzieherInnen nicht darauf vertrauen können, dass die jeweiligen Auflagen eingehalten werden, andererseits aber eine Garantie für den Schutz der anderen Kinder dringend erforderlich ist, oder wenn der Übergriff sehr gravierend war, kann das übergriffige Kind verpflichtet werden, für mehrere Tage ständig in der Nähe einer Erzieherin zu bleiben. Den anderen Kindern sollte dabei allerdings deutlich gemacht werden, dass darin keine Bevorzugung des übergriffigen Kindes liegt, da eine verstärkte Aufmerksamkeit der Erzieherin für Kinder in diesem Alter häufig als eine besondere Ehre gilt. Eine solche Maßnahme erfordert darüber hinaus einigen organisatorischen Aufwand, damit sie zuverlässig durchgeführt werden kann.

▶ Ist der Zeitraum solcher zeitlich begrenzten Maßnahmen ohne weitere Vorfälle abgelaufen, sollte dies dem übergriffigen Kind mitgeteilt werden. Es braucht Lob und Anerkennung, dass es die Einschränkungen eingehalten hat, denn das motiviert auch weiterhin zu einem erwünschten Verhalten.

▶ Wenn mehrere Kinder an den sexuellen Übergriffen beteiligt waren oder sexuelle Übergriffe wechselseitig stattgefunden haben, kann als Maßnahme auch die vorübergehende Schließung der Kuschelecke oder ein zeitlich begrenztes Verbot von so genannten Doktorspielen in Betracht kommen.

Sanktionen wie die letztgenannten wecken manchmal Zweifel: Ist denn ein solches Verbot oder eine solche Einschränkung nicht schädlich für die natürliche sexuelle Entwicklung der Kinder? Werden sie durch so etwas nicht übermäßig behindert oder gar sexuell traumatisiert? Grundsätzlich gilt jedoch: Es gibt keine „natürliche" sexuelle Entwicklung, wenn dabei Grenzen verletzt werden oder Gewalt im Spiel ist.

> Manche Sanktionen wecken Zweifel, ob sie nicht schädlich für die sexuelle Entwicklung der Kinder sind. Grundsätzlich gilt jedoch: Es gibt keine „natürliche" sexuelle Entwicklung, wenn dabei Grenzen verletzt werden oder Gewalt im Spiel ist.

Deshalb hat die Verhinderung von Grenzverletzungen und Gewalt Vorrang, denn die Verbindung von Sexualität und Gewalt bzw. Grenzverletzung ist ein Muster, das jederzeit unterbrochen werden muss, damit die Kinder die Chance auf eine positive sexuelle Entwicklung haben. Ziel einer solchen Maßnahme ist es, zunächst generelle Gefährdungssituationen auszuschließen. Zudem wird so Zeit gewonnen, um in Ruhe zu überlegen, wie die Gruppensituation verändert und gestaltet werden kann, dass einerseits einverständliche sexuelle Aktivitäten wieder stattfinden können und andererseits das Risiko sexueller Übergriffe verringert werden kann.

Maßnahmen in Grundschulen

In der Grundschule sind andere Maßnahmen erprobt. Auch hier ist das Gespräch bei allen Formen von sexuellen Übergriffen wichtig, um das übergriffige Kind überhaupt mit der Problematik seiner Handlung in Kontakt zu bringen. Bei weniger intensiven, einmaligen Übergriffen kann ein ernstes Gespräch unter vier Augen auch ausreichen. Gerade bei wiederholten Vorfällen und bei intensiveren Formen von sexuellen Übergriffen genügt ein Gespräch jedoch nicht und ist als zu weiche Maßnahme einzuschätzen.

In der Praxis bleibt es aber leider häufig bei Gesprächen, zum einen weil die Wirkung von Kommunikation überschätzt wird, zum andern aber auch, weil manche Lehrkräfte nicht wissen, wie andere wirksame Maßnahmen aussehen könnten. Die Wirksamkeit solcher Gespräche hängt aber gerade davon ab, ob sie sparsam oder quasi inflationär angewendet werden und ob überhaupt andere Maßnahmen zur Verfügung stehen. Wenn es nach einem Gespräch keine Steigerung mehr gibt, wenn man sich nicht zu deutlichen und einschränkenden Maßnahmen entschließen kann, erhalten übergriffige und betroffene SchülerInnen kontraproduktive Botschaften: Für die übergriffigen Kinder entsteht der Eindruck „mit ein bisschen Reden bin ich aus der Sache schon raus", größere Nachteile sind nicht zu erwarten. Betroffene SchülerInnen haben das Gefühl, dass nicht wirklich etwas passiert und dass es „nichts bringt", sich zu beschweren, weil „ja doch immer nur geredet wird".

Mehr Eindruck macht erfahrungsgemäß ein Gespräch zwischen dem übergriffigen Kind und der Schulleitung, die aufgrund der schulinternen Hierarchie in der Regel bedeutend mehr Autorität ausstrahlt. Dazu ist jedoch nur zu raten, wenn die Lehrerin oder der Lehrer, die sich mit dem übergriffigen Verhalten befassen, sicher sind, dass die Schulleitung sexuelle Übergriffe auch ebenso ernst nimmt. Gibt es da Zweifel, sollte dies mit der Schulleitung in einem Vorgespräch geklärt werden, bevor die Maßnahme ausgesprochen wird. Besteht im Umgang mit sexuellen Übergriffen ein Konsens zwischen Lehrkraft und Schulleitung, kann ein solches Gespräch mit dem übergriffigen Kind äußerst wirksam sein, denn die Angelegenheit wird so zur „Chefsache". Dem übergriffigen Kind, aber auch allen anderen SchülerInnen, die davon wissen, vermittelt sich der Eindruck, dass die Verhinderung von sexuellen Übergriffen so wichtig ist, dass sich sogar die Schulleitung damit befasst.

> Besteht im Umgang mit sexuellen Übergriffen ein Konsens zwischen Lehrkraft und Schulleitung, kann ein Gespräch mit der Schulleitung dem übergriffigen Kind äußerst wirksam sein, denn die Angelegenheit wird so zur „Chefsache".

Nach einem ersten Gespräch sind zusätzlich folgende Maßnahmen denkbar:

▶ Das übergriffige Kind kann für eine Denkpause in die Schulstation geschickt werden. Diese Maßnahme muss zuvor mit den MitarbeiterInnen der Schulstation abgesprochen werden, damit sie den geeigneten Rahmen für die Denkpause schaffen und gegebenenfalls das Kind dabei unterstützen. Denn ist die Schulstation für die Schülern und Schülerinnen lediglich ein angenehmer Ort für eine Auszeit vom Unterricht, wo gespielt oder getobt werden kann, kann die Maßnahme ihren Zweck nicht erfüllen und wird vielleicht als Vorteil empfunden.

▶ Das übergriffige Kind kann auch verpflichtet werden, nach dem regulären Unterricht eine Stunde länger zu bleiben, wie das bei anderen Regelverstößen und Auffälligkeiten auch üblich ist. Es geht aber nicht darum, dass das übergriffige Kind so bestraft werden soll und nun seine Zeit absitzen muss. Es soll vielmehr die Gelegenheit erhalten, in Ruhe über den Vorfall, seine Verantwortung, seine Motivation und über Möglichkeiten der Wiedergutmachung nachzudenken. Damit dieses Ziel erreicht werden kann, ist es zur Unterstützung hilfreich, der Schülerin oder dem Schüler genau mitzuteilen, welche Auseinandersetzung mit sich selbst erwartet wird. Diese Aspekte können auch schriftlich von der Lehrkraft skizziert werden.

▶ Man kann von dem Kind auch verlangen, die Ergebnisse der Denkpause schriftlich festzuhalten. Zeugen die schriftlichen oder auch nur mündlich wieder gegebenen Ergebnisse der Denkpause von einer gewissen Einsicht, hatte die Denkpause also das gewünschte Ergebnis, kann man dem übergriffigen Kind die Chance geben, sein Verhalten ein Stück weit wieder gut zu machen, indem es dem betroffenen Kind, soweit dieses einverstanden ist, in Anwesenheit der Lehrkraft davon erzählt.

▶ Als weitere Sanktion kommt eine Veränderung der Sitzordnung in Betracht: Das übergriffige Kind wird vom betroffenen Kind weggesetzt (nicht umgekehrt!) oder muss für eine bestimmt Zeit alleine sitzen, falls mehrere SchülerInnen betroffen waren. In einem Fall durfte ein zehnjähriger Schüler nicht mehr neben seiner Tischnachbarin sitzen, nachdem er mehrfach seine Hand auf ihren Stuhl gelegt hatte in dem Moment, als sie sich hinsetzen wollte. So war es ihm gelungen, sie im Genitalbereich zu berühren. Als er jedoch mit seinem neuen Tischnachbarn genauso verfuhr, musste er für drei Wochen an einem Tisch alleine sitzen.

▶ Hat der sexuelle Übergriff während der Hofpause statt gefunden, kann das übergriffige Kind für einige Tage verpflichtet werden, die Pause allein im Klassenzimmer oder vor dem Klassenzimmer oder im Sekretariat zu verbringen. Wegen der Aufsichtspflicht ist jedoch der Aufenthalt im Klassenzimmer oft nicht praktikabel. Es kann aber auch die Auflage bekommen, ein paar Tage lang neben der Hofaufsicht zu bleiben, damit sein Verhalten besser kontrolliert werden kann. Damit solche Maßnahmen konsequent durchgeführt werden können, muss es darüber eine klare Absprache im Kollegium geben, wobei die aufsichtsführenden KollegInnen auch den Anlass für die Maßnahme kennen müssen, damit sie genau wissen, welches Verhalten unterbunden werden soll.

▶ Dem übergriffigen Kind kann auch für einen gewissen Zeitraum verboten werden, an bestimmten Pausenaktivitäten teilzunehmen, wenn es sich in diesem Zusammenhang übergriffig verhalten hat. So wurde dem siebenjährigen Ercan das Fußballspielen vorübergehend verboten, weil er immer wieder den Körperkontakt mit anderen Jungen dazu nutzte, um seinen Unterleib an ihrem Po zu reiben. Der elfjährige Christopher hatte sich über eine Erstklässlerin geärgert, die ihm die Schaukel nicht freiwillig überlassen wollte. Daraufhin sprang er mit gegrätschten Beinen auf sie und machte auf ihr sitzend rhythmische Beckenbewegungen. In der Folge bekam er einen Monat Schaukelverbot.

▶ Eine andere Maßnahme besteht darin, dass das übergriffige Kind mehrere Tage lang ein Protokoll über die eigene Beschäftigung in jeder Hofpause schreiben muss.

▶ Viele sexuelle Übergriffe finden auf Schultoiletten statt, so dass sich in diesem Zusammenhang anbietet, von übergriffigen SchülerInnen zu verlangen, sich vor jedem Toilettengang zu melden, damit gewährleistet ist, dass kein anderes Kind gefährdet wird.

Die beschriebenen Sanktionen sind nicht abschließend, sondern lediglich beispielhaft und sollen Anregungen geben für geeignete Maßnahmen, die unter den jeweiligen Bedingungen einer Schule und in Hinblick auf den vorgefallenen Übergriff realisierbar sind. Grundsätzlich sind alle Reaktionsweisen denkbar, die üblicherweise in der Schule bei Regelverstößen erfolgen.

> Der gesamte Umgang mit dem übergriffigen Kind, d.h. die Gespräche sowie die Maßnahmen, sollte das Ziel verfolgen, sobald wie möglich zum pädagogischen Alltag zurükkzukehren und eine „Sonderbehandlung" überflüssig zu machen.

Wenn alle genannten oder vergleichbaren Maßnahmen keinen Erfolg zeigen, sind deshalb auch gegebenenfalls Strafen denkbar, wie z.B. ein dreitägiger Schulausschluss oder auch in Ausnahmefällen ein Schulverweis. Der gesamte Umgang mit dem übergriffigen Kind, d.h. die Gespräche sowie die Maßnahmen, sollte das Ziel verfolgen, sobald wie möglich zum pädagogischen Alltag zurückzukehren und eine „Sonderbehandlung" überflüssig zu machen. Das übergriffige Kind sollte möglichst nicht auf Dauer mit dem sexuell übergriffigen Verhalten in Verbindung gebracht werden, und es sollte von Anfang an nicht auf diesen Teil seines Verhaltens reduziert werden.

Information, Prävention, Sicherheit:
Der Umgang mit der Kindergruppe oder Klasse

Aus Anlass eines sexuellen Übergriffs sollte nach Gesprächen mit dem betroffenen und dem übergriffigen Kind mit der ganzen Kindergruppe bzw. Klasse über dieses Thema gesprochen werden. Damit werden unterschiedliche Ziele verfolgt:
Zum einen wird so Gerüchten und teilweise unzutreffenden Vermutungen über das, was vorgefallen ist, Einhalt geboten. Der sexuelle Übergriff wird dadurch vom Beigeschmack der Heimlichkeit und Peinlichkeit befreit. Dafür ist

es nicht notwendig, ins Detail zu gehen. Es genügt, die beteiligten Kinder zu benennen und den Übergriff dem Wesen nach zu beschreiben. Die Bandbreite möglicher Formulierungen liegt dabei zwischen : „Jonas hat Sandra so angefasst, dass es ihr total peinlich war und sie in dem Moment gar nichts sagen konnte. Das darf er nicht! Außerdem ist das unfair, weil Sandra ja viel jünger ist." (für einen Fall, in dem ein sechsjähriger Junge versucht hatte, einem vierjährigen Mädchen den Finger in die Scheide zu stecken), „Daniela hat sich furchtbar erschrocken, weil Noah auf das Mädchenklo kam, und fand es eklig, dass er sie an der Scheide anfassen wollte. Jungen haben auf dem Mädchenklo aber nichts zu suchen, und überhaupt darf niemand andere gegen deren Willen anfassen!" und „Helen hat Pia in den Bauch geboxt, weil sie ihr nicht ihre Scheide zeigen wollte. So etwas ist hier nicht erlaubt!". Es geht also darum, die Gefühlsebene zu beschreiben, die Handlung zu bewerten und die beschlossenen Maßnahmen zu erklären.

Orientiert sich das Gespräch mit der Kindergruppe oder Klasse an diesen Aspekten, kann es dem betroffenen Kind helfen, sich nicht allein zu fühlen mit dem, was ihm passiert ist. Allerdings muss sehr genau darauf geachtet werden, dass niemand achtlos oder kränkend mit diesem Wissen umgeht. Die Wortwahl kann mit dem betroffenen Kind (und gegebenenfalls mit seinen Eltern) abgesprochen werden.

Will das betroffene Kind, dass alle erfahren, was genau geschehen ist, ist abzuwägen, ob es dadurch den sexuellen Übergriff leichter verarbeiten kann, oder ob es damit über seine eigenen Grenzen geht und sich vielleicht bloßstellt. Dann sollte es nach Möglichkeit mit der richtigen Begründung – Selbstschutz und nicht Peinlichkeit – davon abgehalten werden.

Zum anderen hat ein gemeinsames Gespräch mit allen Kindern präventive Ziele. Indem die Kinder erfahren, dass sich das betroffene Kind erfolgreich Hilfe bei den ErzieherInnen oder LehrerInnen geholt hat und dies auch entsprechend gewürdigt wird, vermittelt sich ihnen der Eindruck, dass es sich lohnt, sich zu beschweren. Die Pädagoginnen sollten betonen, dass sie für den Schutz der Kinder da sind und dass sie sich wünschen, bei Problemen angesprochen zu werden.

Manchmal ist eine solche Gesprächssituation für andere Kinder, die auch von sexuellen Übergriffen betroffen waren, aber darüber bislang geschwiegen hatten, Anlass, um in diesem Zusammenhang oder später davon zu berichten. Wurde der sexuelle Übergriff den ErzieherInnen oder Lehrkräften von beobachtenden Kindern mitgeteilt, verdienen sie ein öffentliches Lob. Zusätzlich sollte besprochen werden, dass es sich dabei niemals um Petzen handelt. Die Kinder sollten lernen, dass Petzen bedeutet, jemanden schaden zu wollen, jemanden bei den PädagogInnen „anzuschmieren", dass es aber hier um Hilfe Holen ging, also darum, Unterstützung zu bekommen, wenn jemandem etwas Unrechtes geschieht oder Gewalt angetan wird. Auch der Unterschied zwischen guten und schlechten Geheimnissen kann hierbei erörtert und mit Beispielen der Kinder veranschaulicht werden.

Dabei kommt es darauf an, dass die Kinder erfahren, dass schlechte Geheimnisse keine echten Geheimnisse sind und dass man deshalb darüber sprechen darf – auch wenn man versprochen hat, es für sich zu behalten. Es ist nicht falsch, über schlechte Geheimnisse zu sprechen, sondern falsch, andere zu zwingen, über belastende Dinge nicht zu reden, weil alle Kinder ein Recht darauf haben, über das zu sprechen, was sie bedrückt. Die Kinder sollen lernen, wie man gute von schlechten Geheimnissen unterscheiden kann, dass die eigenen Gefühle die entscheidenden Hinweise geben: Macht ein Geheimnis ein Kind froh, ist es aufgeregt und empfindet es dabei gute Gefühle, handelt es sich um ein gutes Geheimnis. Fühlt sich das Kind aber bedrückt, bekommt es von dem Geheimnis Bauchweh oder schlechte Träume, kurz: wäre es ihm am liebsten, wenn es das Geheimnis gar nicht hätte, dann merkt es daran, dass es ein schlechtes Geheimnis ist.

Präventiv ist ein Gespräch mit allen Kindern, aber auch hinsichtlich solcher Kinder, die zu übergriffigem Verhalten neigen oder zu Nachahmungsverhalten. Gerade wenn der sexuelle Übergriff von einem Kind verübt wurde, das bei anderen Kindern sehr beliebt oder angesehen ist oder dem einige Kinder nacheifern, besteht das Risiko, dass sie sich dieses Kind auch für sexuelle Übergriffe zum Vorbild nehmen. Diese Kinder brauchen die deutliche Botschaft, dass dieses Verhalten strikt abgelehnt wird und dass sexuelle Übergriffe nicht unbemerkt oder folgenlos bleiben.

Sie wissen, dass sie mit Konsequenzen zu rechnen hätten, weil sich ihre Lehrkräfte bzw. ErzieherInnen für den Schutz aller Kinder zuständig fühlen und entschieden eingreifen. Aus diesem Grunde sollte man auch alle Kinder darüber informieren, ob und welche Maßnahmen gegenüber dem übergriffen Kind ergriffen wurden. Und sie erleben zudem, dass auch solche Kinder mit Konsequenzen zu rechnen haben, die wegen ihrer scheinbaren Stärke und ihrer Tendenz, sich auf Kosten anderer durchzusetzen, häufig bewundert werden. Es ist die Aufgabe der PädagogInnen, hier ihre Autorität zu nutzen und klar zu stellen, dass ein solches übergriffiges Verhalten nicht wirklich stark oder mutig ist, sondern anderen Kindern schadet und deshalb keine Sympathien verdient.

> Wenn der sexuelle Übergriff von einem Kind verübt wurde, das bei anderen Kindern sehr beliebt ist und dem sie gern nacheifern, braucht die Gruppe umso mehr die deutliche Botschaft, dass das sexuell übergriffige Verhalten strikt abgelehnt wird und Folgen hat.

Die „symbolische Entmachtung" des übergriffigen Kindes, deren Sinn bereits beim Umgang mit dem betroffenen Kind beschrieben wurde, sollte also auch gegenüber der Kindergruppe oder Klasse stattfinden. Gleichzeitig müssen die PädagogInnen darauf achten, dass das übergriffige Kind nicht als Person abgewertet wird; sie sollten sehr feinfühlig vermitteln, dass sie nichts gegen dieses Kind, wohl aber viel gegen solches Verhalten haben.

Wurden Maßnahmen ergriffen, die sich auf die ganze Kindergruppe auswirken, ist es besonders wichtig, deren Sinn zu erläutern. Hat man sich z.B. entschieden, vorübergehend die Kuschelecke zu schließen oder die Klassenreise zu verschieben, muss der Zweck der Maßnahme gut erklärt werden, damit sie nicht als „Strafe für alle" empfunden wird. Die Kinder sollen spüren, dass es um ihren Schutz geht. Oder darum, etwas Zeit zu gewinnen, um ein wirklich geeignetes Konzept zum Schutz vor sexuellen Übergriffen zu entwickeln.

Unter der Fragestellung „Was brauchen alle Kinder dieser Gruppe oder Klasse, um sich hier wohl und sicher zu fühlen? Was darf hier nicht vorkommen?" können mit den Kindern Regeln erarbeitet werden, die den Umgang mit Grenzen vor allem im sexuellen Bereich betreffen. (Wo dies bereits geschehen ist, sollte Bezug genommen werden auf die gemeinsamen Regeln.)

Den Kindern sollte eindrücklich vermittelt werden, dass es darum geht, sexuelle Übergriffe und nicht etwa kindliche Sexualität zu sanktionieren. Das Ergebnis sollte im sexualpädagogischen Konzept der Einrichtung seinen Niederschlag finden. Wo bereits ein solches Konzept existiert, geht es eher darum, diese Regeln den Kindern zu vermitteln und sie durch ihre Vorschläge zu erweitern. In Grundschulklassen kann man die Ergebnisse auch gemeinsam mit den Schülerinnen und Schülern schriftlich festhalten, sie z.B. als einen Vertrag formulieren, den alle Kinder unterschreiben.

Durch diese Methode werden die einzelnen Kinder stärker mit einbezogen und fühlen sich den Inhalten stärker verbunden. Weiter kann man verschiedene kreative Methoden wählen, um den Regeln, bzw. dem Vertrag größere Bedeutung zu geben. So kann beispielsweise ein gemeinsames Plakat gestaltet werden, mit dessen Inhalten alle Kinder sich dadurch einverstanden erklären und verbunden fühlen, dass sie ihre Handabdrücke darunter setzen, Selbstbildnisse oder Fotos darauf kleben.

Der wesentliche Zweck der Kommunikation mit bzw. Einbeziehung der Erwachsenen – KollegInnen, Leitung, Eltern – ist die Unterstützung, die sie bei einem Fall von sexuellen Übergriffen unter Kindern geben können und sollen. Wenn der Umgang mit dem Vorfall im ersten Anlaufnicht fachgerecht war, die ErzieherInnen oder LehrerInnen vielleicht zu spät oder verharmlosend reagiert haben, scheint es oft so, als ob die Einbeziehung von Eltern und Leitung eine Belastung, eine bedauerliche Notwendigkeit wäre. Tatsächlich ist jedoch das Gegenteil der Fall, denn gerade eine rechtzeitige, angemessene und fachliche Kooperation erweist sich als Entlastung und Unterstützung für die Fachkraft, die in ihrem Alltag mit dem Vorfall umgehen muss. Vielleicht kann diese Aussicht auf Entlastung dabei helfen, Ängste vor Gesprächen abzubauen. Kooperation kann dann als Strategie zur Bündelung von Kräften gesehen und genutzt werden.

Ziel solcher Gespräche und Kontakte ist es, das Anliegen und die Inhalte, die sich aus dem Vorfall ergeben, zu vermitteln. Doch um die gewünschte Wirkung auch sicher zu erreichen, ist es wichtig, sich über die Beziehungen und die Dynamik, die sich in den Gesprächen ausdrücken und durch sie entstehen, klar zu werden. Wünsche, Ängste, Verletzungen, eigene Erfahrungen der Erwachsenen spielen hinter den Inhalten solcher Gespräche eine tragende Rolle.[52]

An sexuellen Übergriffen unter Kindern sind ausschließlich Kinder direkt beteiligt. Doch immer sind Erwachsene indirekt in diese Vorgänge verwickelt. Denn sie tragen als Eltern oder pädagogische Fachkräfte Verantwortung für die beteiligten Kinder – sie lieben sie oder sind zumindest für sie zuständig, das Geschehen geht ihnen nahe, sie fühlen sich für das Verhalten der Kinder ver-

---

52 vgl. hierzu z.B. die Ausführungen zur Kommunikationstheorie bei Sabine Bachmair. Bachmair, Sabine u.a.: Beraten will gelernt sein. Weinheim 1999, S.95 ff.

antwortlich oder werden dadurch sogar in Schuldgefühle gestürzt und empfinden das Bedürfnis, die Kinder zu schützen.

Zudem betreffen sexuelle Übergriffe unter Kindern emotional hoch besetzte Themen: Gewalt und Sexualität. Und diese mobilisieren wiederum Emotionen, verstärken und verzerren, wecken Erinnerungen und Befürchtungen. Damit wird eine Dynamik in Gang gesetzt, in die Eltern und PädagogInnen sich schnell verwickelt fühlen, anstatt – wie sie es sich eigentlich wünschen – realitätsgerecht und angemessen zu denken und dann zu handeln.

> Da Gespräche über das übergriffige Verhalten von Kindern emotional hoch besetzte Themen berühren, wird leicht eine Dynamik in Gang gesetzt, die angemessenes Denken und Handeln erschwert.

Die KollegInnen: Austausch, Unterstützung, gemeinsames Vorgehen

Die Kommunikation im Sinne von gemeinsamer Beratung mit den KollegInnen ist die Basis des fachlichen Umgangs mit sexuellen Übergriffen unter Kindern. Es geht dabei um Austausch, Unterstützung und eine gemeinsame Strategie für das weitere Vorgehen.

Wie hoch die Erwartung an diese Gespräche ist, richtet sich zunächst nach dem Vertrauen in die KollegInnnen. Dabei spielt die Kenntnis der Dynamik im Team oder Kollegium eine große Rolle:

- Gibt es Konkurrenz untereinander? Gibt es eine Kollegin, die immer recht hat und andere verunsichert?
- Reagiert der Kollege auf jeden Aspekt, der in Zusammenhang mit Sexualität steht, anzüglich und persönlich?
- Wie engagiert für die Kinder oder ängstlich gegenüber den Eltern sind die einzelnen KollegInnen?
- Ist Erfahrungsaustausch üblich und hilfreich?
- Welches fachliche Niveau ist zu erwarten?
- Gibt es Erfahrungen mit sexuellen Übergriffen und dadurch auch mit den Einschätzungen des Teams und der einzelnen KollegInnen?

Hier erweist es sich auch für den eigenen Verhaltensspielraum als vorteilhaft, wenn es vorbeugend bereits eine Beschäftigung mit dem Thema „Sexuelle Übergriffe" gegeben hat. Denn das präventive Thematisieren bietet die Chance, ohne Handlungsdruck aufeinander einzugehen, sich erst einmal in Ruhe sich diesem Thema zu nähern und darüber etwas zu lernen.

Die Situationen, in denen die Unterstützung der KollegInnen benötigt wird, sind unterschiedlich. Es kann im Anschluss an eine direkte Beobachtung und die daraufhin erfolgte Reaktion Bedarf an einem kollegialen Austausch geben. Die Beschwerde eines betroffenen Kindes oder die Mitteilung durch ein Kind, das gerade oder vor einiger Zeit eine Übergriffssituation, die es selbst schwer einordnen konnte, beobachtet hat, kann Eingreifen erfordern. Die Beschwerde von Eltern über eine Situation, die in der Einrichtung nicht bemerkt oder gar falsch angegangen wurde, ist der schwierigste Fall.

Da alle diese Situationen nicht geplant, sondern überraschend eintreten und die Themen Sexualität und Gewalt immer belastend sind, geht es zuallererst darum, persönlich und emotional aufgefangen zu werden. Ins Büro oder Lehrerzimmer zu gehen, um erzählen zu können, was da eben passiert ist, ist der erste Schritt zur Entlastung. Mitgefühl und die Erörterung, wie hoch überhaupt die persönliche Belastbarkeit der KollegIn ist, die hier gerade handeln musste oder gleich handeln soll, steht an erster Stelle. Wenn sie eigene, nicht gut bearbeitete Erfahrungen mit dem Thema hat und deshalb möglicherweise zu Abwehr oder Überreaktionen neigt, kann es kollegial, aber auch pädagogisch sinnvoll sein, wenn eine ruhigere KollegIn das weitere Vorgehen übernimmt. Denn die Meisterung dieser Situation kann die gesamte Einrichtung betreffen. Vorschnelles, unüberlegtes Handeln kann sich als gravierender Fehler erweisen und letztlich allen schaden.

Aus Anlass eines aktuellen Vorfalls erzählen die KollegInnen oft von ähnlichen Situationen oder Erfahrungen mit den beteiligten Kindern, erinnern sich vielleicht an Vorfälle, die jetzt von Bedeutung sind. Dies leitet dann über zum Austausch und zur Einschätzung. Handelte es sich tatsächlich um einen sexuellen Übergriff? War die Reaktion angemessen bzw. welche Reaktion wäre jetzt richtig? Fachlicher Umgang mit diesen Fragen erfordert zuallererst eine Klärung, ob bei dem Vorfall ein Machtgefälle bzw. seitens des betroffenen Kindes Unfreiwilligkeit vorgelegen hat. Für das weitere Vorgehen, für die Entwicklung einer gemeinsamen Strategie ist es von höchster Bedeutung, dass bereits an dieser Stelle ein größtmöglicher Konsens gefunden wird. Es ist daher durchaus sinnvoll, die Einschätzung und Bewertung kontrovers zu diskutieren, insbesondere wenn noch kein sexualpädagogisches Konzept existiert. Alle Beteiligten sollten die Möglichkeit erhalten, ihre persönliche Einstellung zum Ausdruck zu bringen, unabhängig davon, ob sie von Abwehr oder Gelassenheit geprägt ist. In dieser emotional aufgeladenen Situation liegt auch eine große Chance für Offenheit, die noch nicht durch eine gegenseitige Bewertung gebremst ist. Im nächsten Schritt müssen dann allerdings persönliche Gefühle und fachliche Aspekte sorgfältig differenziert werden, um zu einer übereinstimmenden fachlichen Haltung zu gelangen.

Auch wenn dringender Handlungsbedarf und Zeitdruck dazu führen können, dass bei Uneinigkeit ein Kompromiss ausgehandelt wird, darf dieser nicht im Widerspruch zu pädagogischen Grundlagen hinsichtlich einer altersangemessenen sexuellen Entwicklung stehen.

So dürfen z.B. auch in Kita-Teams, die übereinstimmend finden, dass „sowas" nur passieren kann, wenn man die Kinder nackt planschen oder unbeobachtet in Kuschelecken spielen lässt, nicht alle sexuellen Aktivitäten unterbunden werden. Die Kinder brauchen die Chance, ihre Körperlichkeit zu entfalten und ihre eigenen und die Grenzen anderer früh zu erkennen.

Auch wenn dringender Handlungsbedarf und Zeitdruck dazu führen können, dass bei Uneinigkeit ein Kompromiss ausgehandelt wird, darf dieser nicht im Widerspruch zu pädagogischen Grundlagen hinsichtlich einer altersangemessenen sexuellen Entwicklung stehen.

Die Bandbreite möglicher Vorfälle ist groß, und deshalb ist die Einschätzung mit unterschiedlichen Schwierigkeiten behaftet. Wenn es beispielsweise um verbale Übergriffe geht, um „Ausdrücke", hat vielleicht eine Kollegin endgültig die Nase voll („Ich will das einfach nicht mehr haben, diese ewige sexuell aggressive und beleidigende Atmosphäre, das sollen unsere Kinder nicht als Alltag lernen!") und will die anderen von ihrer Grenzziehung überzeugen. Die Reaktion der anderen KollegInnen ist möglicherweise von Resignation geprägt („Das ist doch heutzutage normal, Jugendsprache eben", „Da kann man doch sowieso nichts machen, das hören sie doch überall!"), so dass ihre Wahrnehmung und Wertung der Übergriffe verzerrt ist.

Die Entschiedenheit eines einzelnen Lehrers oder einer einzelnen Erzieherin, solche sexualisierten Beleidigungen in der Gruppe nicht mehr länger zu tolerieren, kann vom Kollegium oder Team aber auch als Neuanfang für die ganze Institution genutzt werden. Wo dies nicht gelingt, kann die betreffende Kollegin oder der Kollege zumindest für sich entscheiden, in der eigenen Klasse oder Gruppe an einer entsexualisierten Atmosphäre zu arbeiten. Die Erzieherin oder der Lehrer kann die verbalen Übergriffe dort thematisieren, ihre Bedeutung und ihre möglichen schädigenden Folgen den Kindern deutlich machen und sie dazu anhalten, Grenzen zu setzen und zu respektieren.

Ist es gelungen, eine gemeinsame Einschätzung zu entwickeln, müssen angemessene und hilfreiche Maßnahmen überlegt werden. Außerdem muss diskutiert werden, wie diese Maßnahmen umgesetzt werden können:

▶ Ist das, was die beteiligte Kollegin oder der Kollege angedroht hat, denn überhaupt konsequent durchführbar?
▶ Wird die Entscheidung für eine Maßnahme von allen KollegInnen mitgetragen?
▶ Sind sie bereit, die Durchführung der Maßnahme gemeinsam zu organisieren?

Denn Konsequenz bei der Durchführung der Maßnahme ist die entscheidende Bedingung für das Gelingen der pädagogischen Intervention, die ja nicht nur dem Augenblick verpflichtet ist, sondern auch Lernerfolge erzielen und langfristig wirkende Botschaften vermitteln soll.

Wenn eine gemeinsame Einschätzung des Vorfalls im Team allein nicht möglich ist, muss hierzu umgehend externe Beratung eingeholt werden.

In Kitas erweist sich beispielsweise zuweilen die Grenzziehung zwischen „Doktorspielen", die zur normalen sexuellen Entwicklung von Kindern gehören, und sexuellen Übergriffen als schwierig. Gerade wenn im Team oder Kollegium wenig Fachwissen zur sexuellen Entwicklung von Kindern vorhanden ist und Mutmaßungen und persönliche Einstellungen dominieren, kann es zu sehr gegensätzlichen Beurteilungen der Situation kommen, die eine externe Beratung nötig machen können.

Dies gilt auch für schwierigere Fälle, selbst wenn es eine (vor)schnelle Einigung im Team gegeben hat. So kann etwa die Einschätzung eines Übergriffs sehr stark vom Wissen um das übliche Verhalten eines Kindes abhängen:

Fallbeispiel

In einem Fall war sich das Kollegium schnell darüber einig, dass kein Anlass zu Intervention gegeben sei, weil Nancy nichts dagegen hatte, dass sich mehrere Jungen ihre Scheide angesehen haben. Auch auf Nachfrage bestritt sie, dass sie dazu gezwungen worden wäre. Ihre Lehrerin nahm Beratung in Anspruch, weil sie das Gefühl nicht los wurde, dass trotzdem etwas damit nicht stimmt, denn sie kennt Nancy als ein Mädchen, die auch sonst ihre eigenen Grenzen kaum kennt und wahrt. Und sie weiß, dass die Jungen der Klasse um ihre Manipulierbarkeit wissen.

Häufig erfordern Übergriffe, an denen viele Kinder beteiligt sind, unterstützende Beratung, weil dann die Dynamik zwischen übergriffigen und betroffenen Kindern schwer durchschaubar ist. Aufgebrachte Eltern, die bereits Druck ausüben oder übergeordnete Stellen informiert haben, können durch die Einschaltung kompetenter Beratung häufig davon überzeugt werden, dass die Schule bzw. Kita Verantwortung übernimmt, sich um die Belange der Kinder wie um die Sorgen der Eltern kümmert und – durch professionelle Unterstützung von außen – den bestmöglichen Weg für alle sucht. Wie generell im Umgang mit sexualisierter Gewalt gilt auch hier: Ruhe bewahren oder, wenn Eltern und übergeordnete Stellen bereits in Aufregung versetzt sind, die Ruhe wiederherstellen, damit Lösungen gefunden werden können. Beratung von außen kann hier entlastend für alle Beteiligten sein.

Ebenso starken Unterstützungsbedarf kann es trotz schneller Einigung im Team geben, wenn bereits länger andauernde Vorgänge aufgedeckt werden, die den LehrerInnen oder ErzieherInnen bisher entgangen sind. Gerade bei einer so späten Intervention ist es wichtig, dass die PädagogInnen der Leitung oder den Eltern ihre Einschätzung des Geschehens und die im Team erarbeitete Strategie überzeugend vermitteln. Dieses Anliegen kann eine externe Beratung durch Einbringung ihrer speziellen fachlichen Kompetenz unterstützen.

> Übergriffe, an denen viele Kinder beteiligt sind, erfordern wegen der schwer durchschaubaren Dynamik zwischen den Kindern oft unterstützende Beratung. Ebenso kann es Unterstützungsbedarf geben, wenn bereits länger andauernde Vorgänge aufgedeckt werden.

In all diesen Fällen ist Beratung sehr sinnvoll. Unerlässlich ist sie jedoch in den Situationen, in denen nur eine Person das Problem erkannt hat und es ihr nicht gelingt, einzelne Kolleginnen oder Kollegen oder gar das ganze Team von ihrer fachlichen Sicht zu überzeugen. Hier kann eine Beratungsstelle als eine weitere Ebene, der mehr Kompetenz zugetraut wird, dieser Sichtweise mehr Autorität verleihen und vielleicht auch die Leitung der Kita oder Schule für das Anliegen gewinnen.

Wenn dies alles nicht hilft, um die nötige kollegiale Unterstützung zu erreichen, so bildet der Austausch mit einer Beratungsstelle wenigstens einen externen Bezugsrahmen, der helfen kann, das minimal Mögliche zu tun und die Außenseiterrolle auszuhalten. Das Wissen darum, dass die eigene Wahrnehmung und Einschätzung fachlich richtig ist, kann eine hohe persönliche Bedeutung haben.

Hier ist dann natürlich die vermittelnde Funktion der Leitung gefragt, die sich nicht völlig den fachlichen Erfordernissen verschließen sollte.

Die Leitung: Verantwortung für Kinder, KollegInnen und Institution

Die Rolle der Leitung definiert sich in einem Spannungsfeld. Sie soll Kinder, Personal und Institution schützen und unterstützen. Es sind aber sehr unterschiedliche Einschätzungen möglich, wie diese Aufgaben zu erfüllen sind. Dabei kann es durchaus zu vermeintlichen Interessenskonflikten kommen.

So weist die Institution Schule das Risiko auf, dass auf Vorfälle wie sexuelle Übergriffe nicht konsequent reagiert wird, weil das mit der Intervention verbundene Bekanntwerden der Vorfälle oftmals nicht im Interesse der Schulleitung und/oder des Kollegiums ist. Es wird befürchtet, dass der Ruf der Schule Schaden nimmt. Um das zu vermeiden, ist häufig die Tendenz zu beobachten, sexuelle Übergriffe „unter den Teppich zu kehren". Lehrkräfte, die im Rahmen des fachlichen Umgangs zu Recht eine kompromisslosen Aufdeckung der Vorfälle fordern, werden in ihrem Engagement nicht unterstützt, schlimmstenfalls sogar gebremst. Nicht selten stehen diese Lehrkräfte dann im Zentrum der Kritik. „Überreaktion" und „Nestbeschmutzung" sind nur zwei Beispiele für die Vorwürfe, denen sie sich ausgesetzt sehen.

Das Wissen um dieses Risiko sollte Lehrkräfte veranlassen, sich grundsätzlich ein Bild von der pädagogischen Haltung der Schulleitung und des Kollegiums zu machen, um abschätzen zu können, ob sie sich deren Unterstützung gewiss sein können. Gegebenenfalls gilt es, sich mit KollegInnen, die eine ähnliche pädagogische Haltung haben, auszutauschen und das Vorgehen abzusprechen. Es kann auch sinnvoll sein, sich der Unterstützung engagierter Eltern zu versichern, da diese häufig einen erheblichen Einfluss auf die Schulleitung haben.

Auch in Kitas dominiert im Umgang mit sexuellen Übergriffen gelegentlich die Sorge um den Ruf, die Angst, dass Eltern alarmiert reagieren könnten, wenn sexuelle Übergriffe unter den Kindern bekannt werden. ErzieherInnen und Kitaleitungen befürchten, dass sie mit Vorwürfen der Eltern konfrontiert werden („Wie konnte das überhaupt passieren? Kriegt ihr denn nicht mit, was in der Einrichtung läuft?") und die Kinder sogar abgemeldet werden. Diese Sorge führt gelegentlich dazu, dass sexuelle Übergriffe nicht thematisiert werden und ein adäquater Umgang damit unterbleibt.

Aus fachlichen Gründen sollten Schul- oder Kita-Leitung jedoch solchem befürchteten oder tatsächlichen Druck nicht nachgeben oder ihn etwa an engagierte MitarbeiterInnen weitergeben. Das Wissen darum, dass Schutz nicht durch Verschweigen, sondern durch Fachlichkeit und Transparenz erreicht wird, sollte die Richtschnur ihres Vorgehens sein. So könnten sich auch vermeintliche Interessenkonflikte auflösen, denn Transparenz dient letztlich auch der Einrichtung. Das folgende Beispiel hat zwar nicht direkt mit sexuellen Übergriffen unter Kindern zu tun, verdeutlicht aber die Bedeutung von Transparenz und relativiert das Argument der Rufschädigung:

Fallbeispiel

Aus der Beratungsarbeit von *Strohhalm* ist bekannt, dass Sportvereine sich häufig sehr schwer mit der Erkenntnis tun, dass gerade ihre Struktur (ehrenamtlich Tätige, Hierarchie, Leistungsorientierung und Konkurrenz) einen idealen Aktionsrahmen für die Strategien Pädokrimineller bietet. Das drückt sich darin aus, dass diese Vereine kaum und höchstens nach Aufdeckung schwerer Fälle von sexuellem Missbrauch bereit sind, sich mit Prävention zu befassen und einen „Sicherheitscodex" für ihre Institution zu akzeptieren. Auf Elternabenden im Rahmen des Präventionsprogramms von *Strohhalm* zeigen sich jedoch die Eltern stets sehr angetan von der Vorstellung, dass es in dem Verein, den ihr Kind besucht, ein Bewusstsein dieser Gefahr und deshalb auch entsprechende Sicherheitsvorkehrungen geben könnte. Die Vorstände unterliegen hier also einer Fehleinschätzung der möglichen Interessen ihres Vereines, denn Transparenz wird in aller Regel positiv gewürdigt.

In diesem Sinne kann es durchaus die Leitung sein, die in unklaren Fällen die Beratung organisiert, um sich und die KollegInnen abzusichern. Denn Hauptaufgabe der Leitung ist die Unterstützung der involvierten Kinder und Erwachsenen. Dabei geht es einerseits natürlich um Schutz, der durch fachliches Vorgehen erreicht wird, andererseits aber auch häufig darum, zwischen den beteiligten Personen zu vermitteln. So ist es auch im Vorfeld eines Konflikts sinnvoll, wenn die Leitung sich einschaltet, da sie aufgrund ihrer Position innerhalb der Hierarchie über ein Mehr an Autorität verfügt. Die Leitung kann diese Autorität einsetzen, um unpopuläre Maßnahmen, die den KollegInnen sinnvoll erscheinen, an die Eltern der übergriffigen Kinder zu vermitteln und vielleicht sogar die familiäre Unterstützung für dieses Vorgehen zu erreichen. Denn oft ist es so, dass die Einschaltung der Leitung einem Thema höhere Aufmerksamkeit sichert und die Wichtigkeit verdeutlicht, die dem Thema in der Einrichtung zugemessen wird. Da das Leitungspersonal in seinem beruflichen Alltag für derartige Gespräche zuständig ist, verfügt es darüber hinaus oft über mehr Erfahrung im Kommunizieren schwieriger Sachverhalte und im Umgang mit unzugänglicheren Personen.

Ist es bereits zum Konflikt gekommen, ist es unerlässlich, dass die Leitung klärt, ob fachlich vorgegangen wurde, und dann die KollegInnen klar und konsequent unterstützt. Dies ist nicht nur gegenüber den am Konflikt Beteiligten nötig, sondern häufig auch gegenüber dem Träger oder dem Schulamt. Denn dies sind die üblichen Beschwerdeinstanzen, die dann „nach unten" tätig werden und möglicherweise Druck ausüben. Die Schulämter und Träger von Kitas sind jedoch in erster Linie für administrative Aufgaben und Entscheidungen zuständig und kommen mit dem pädagogischen Alltag in der Einrichtung kaum oder gar nicht in Berührung. Deshalb ist es Aufgabe der Leitung einer Einrichtung, kompetent für ein fachliches Vorgehen zu werben und auch für die Folgen von Transparenz einzustehen.

Sind Fehler gemacht worden und ist deshalb eine nachholende Intervention erforderlich, ist es umso notwendiger, dass eine kompetente Leitung in der verfahrenen Situation vermittelt und neues Vertrauen aufbaut. Sie muss dann nach mehreren Seiten agieren und braucht dazu eine klare und fachliche Strategie: Den Eltern gegenüber muss sie Fehler eingestehen und die Verantwortung dafür übernehmen, dass ihr Vertrauen durch rückhaltlose Aufklärung über das weitere Vorgehen zurückgewonnen wird. Die Leitung muss die KollegInnen in ihrem Bemühen unterstützen, betroffenen und übergriffigen Kindern angemessene Botschaften zu vermitteln und notwendige Maßnahmen zu ergreifen. Und nicht zuletzt muss sie gegenüber dem Träger oder Schulamt Verantwortung übernehmen und Unterstützung und gegebenenfalls die Finanzierung von notwendigen thematischen Fortbildungen für die Einrichtung einfordern.

Die Eltern: Zwischen Identifikation und Abwehr

Die indirekt Beteiligten, die von den pädagogischen Fachkräften am meisten „gefürchtet" werden, sind die Eltern. Denn gerade in einer so hoch belasteten Situation ist es für Eltern besonders schwer, sich von den Kindern abzugrenzen. Es ist, als ob die Eltern stellvertretend agieren und reagieren. Sie sind emotional bei ihrem Kind, aber auch bei sich, sie identifizieren sich mit ihrem Kind und können in dieser Situation nur schwer ihre eigenen Gefühle von denen des Kindes trennen. Häufig zeigen sie ein Verhalten, das ihre erwachsenen Einschätzungen und Haltungen zu einer Situation ausdrückt, die erst einmal Kinder betrifft. Sie agieren ihre eigenen Interpretationen aus – das, was sie an Stelle des Kindes empfinden würden. Dabei projizieren sie aber häufig ihre eigenen Ängste oder sogar eigene Erfahrungen mit erwachsenen Tätern in die kindliche Gefühlswelt hinein.

> Eltern agieren ihre eigenen Interpretationen aus – das, was sie an Stelle des Kindes empfinden würden. Dabei projizieren sie aber häufig ihre eigenen Ängste oder sogar eigene Erfahrungen mit erwachsenen Tätern in die kindliche Gefühlswelt hinein.

Gerade in Kitas, wo Eltern normalerweise auf die pädagogische Arbeit weit mehr Einfluss haben als in Schulen, erleben ErzieherInnen häufig, dass ihre pädagogische Kompetenz von den Eltern in Frage gestellt wird. Eltern fordern bestimmte Verhaltensweisen und Konzepte, möchten die Bedürfnisse und Probleme ihres Kindes stärker beachtet wissen, delegieren Aufgaben, die eigentlich ihre wären, an die Kita, fordern Übereinstimmung von häuslichem und Erziehungsstil der Einrichtung.

Dies hat nicht zuletzt mit dem geringen gesellschaftlich Prestige des ErzieherInnenberufs zu tun. Eltern sind mittlerweile die zahlenden Kunden pädagogischer Dienstleistungen. Diese Haltung erzeugt eine charakteristische Widersprüchlichkeit: Die Kinder werden Personen anvertraut, die ihnen Nähe und Zuneigung geben sollen, dies auch meist tun, und gleichzeitig sehen ihre Eltern ein wenig auf diese für ihre Kinder so wichtigen Personen herab. Hier ist ein fachlich fundiertes Arbeitsverhältnis neu zu definieren. Dies gelingt umso eher, je fachlich kompetenter sich die ErzieherInnen fühlen und dies auch in ihrem Auftreten gegenüber den Eltern zum Ausdruck bringen.

Die Eltern der direkt beteiligten Kinder zu informieren, ist fast immer erforderlich, denn es ist sehr sinnvoll, sie in die pädagogische Strategie einzubeziehen. Eltern können bei der Verarbeitung von Folgen helfen, diese möglicherweise sogar gering halten. Sie können Maßnahmen unterstützen und so einen Lernerfolg nachhaltig verstärken. Wenn Eltern die fachliche Sicht der PädagogInnen kennen lernen, können sie Vertrauen in den angemessenen Umgang in der Einrichtung bekommen. Denn verständlicherweise können sie nicht zuerst das Wohl einer Gruppe im Blick haben; ihre Gefühle sind bei ihren Kindern und bei sich selbst. Und genau mit dieser individuellen emotionalen Befindlichkeit müssen ErzieherInnen und LehrerInnen rechnen und umgehen. Sie nicht einzubeziehen, nur den gruppenpädagogischen Standpunkt zu vertreten oder Eltern nur als mögliche Verursacher von starker Dynamik und Chaos zu fürchten und auf Abstand zu halten, gefährdet einen fachlich angeleiteten Prozess. Eine große Rolle spielt bei den Elterngesprächen die Wortwahl: Gerade hier ist es wichtig, dass PädagogInnen die Begriffe „übergriffige" und „betroffene" Kinder benutzen. Sie sollten erklären, warum dies für alle beteiligten Kinder und für den Bearbeitungsprozess sinnvoll ist und was andernfalls an Einschränkung und Schaden passieren könnte. Und natürlich dürfen sie nicht zulassen, dass die Eltern gegenseitig ihre Kinder als „Opfer" und „Täter" bezeichnen oder dass eine solche Wortwahl die Atmosphäre der Gespräche in der gesamten Elterngruppe beherrscht. Hier ist große Sorgfalt erforderlich, denn die Steigerung der Aufgeregtheit und ein Aufheizen des Gehörten ist bei dieser Thematik an vielen Kommunikationsschnittstellen möglich. Immer wieder kann etwas „aufflammen". Die Kenntnis von den elterlichen Kontakten und Kommunikationswegen in der Gruppe, die Einbeziehung der Rollenstruktur – wer ist MeinungsführerIn, wer beruhigt immer, wer ist am ehesten für fachliche Gesichtspunkte zu gewinnen, wer telefoniert nachmittags oft mit den anderen – kann hier sehr hilfreich sein.

Manchmal fühlen sich die ErzieherInnen und die Leitung in Kindereinrichtungen durch die Beschwerden von Eltern, durch zunehmende Gerüchte und Drohungen, Kinder abzumelden, so stark unter Druck gesetzt, dass sie einen Elternabend einberufen, um alles „zur Sprache" zu bringen, wie es von ihnen verlangt wird. Die Erfahrungen zeigen, dass diese Elternabende meist nicht den gewünschten Erfolg haben: Vor allem Emotionen und der Wunsch, Schuldige zu finden, dominieren und erschweren häufig die Kommunikation.

Das übergriffige Kind, seine „Tat" in allen Einzelheiten, seine möglichen Motive, Erziehungsversagen seiner Eltern und dergleichen mehr stehen dann im Mittelpunkt des Interesses. Es kommt vor, dass die Entfernung dieses Kindes aus der Kindergruppe und manchmal auch die Entlassung der „verantwortlichen" ErzieherInnen gefordert wird. Für Ansätze zum fachlichen Umgang mit sexuellen Übergriffen bleibt meist kein Raum. Aus diesen Gründen ist davon abzuraten, einen Elternabend einzuberufen, bevor sich das Team auf eine fachliche Strategie einigen konnte bzw. dazu Beratung eingeholt hat. Wenn ein Elternabend von Elternseite verlangt wird, sollte diese Begründung genannt und ein späterer Termin in Aussicht gestellt werden. Die Leitung der

Kita sollte unbedingt die Moderation des Abends übernehmen und eingangs klarstellen, was dieser Abend leisten kann und was nicht. Vor allem muss sie auf einen respektvollen Umgang miteinander hinweisen und deutlich machen, dass sie es nicht zulassen wird, dass einzelne Kinder, Eltern oder KollegInnen persönlich vorgeführt werden. Der Anlass sollte dem Grunde nach, d.h. ohne intime Details, benannt werden. Wichtig ist, dass die Leitung dann die Perspektive vorgibt. Sie muss darlegen, wie die Einrichtung bislang reagiert hat, und dafür die Verantwortung übernehmen. Gegebenenfalls muss sie ankündigen, welche Reaktionen und Maßnahmen noch erfolgen werden und was unternommen wird, um das Risiko von sexuellen Übergriffen zu verringern. Wichtige Aspekte für die Durchführung eines Elternabends ergeben sich auch aus den folgenden Ausführungen zur Einbeziehung der Eltern der beteiligten Kinder.

> Wichtig ist, dass die Leitung die Perspektive vorgibt. Sie muss Verantwortung für die bisherige Reaktion übernehmen und ankündigen, welche Maßnahmen beabsichtigt sind, um das Risiko von sexuellen Übergriffen zu verringern.

Die Eltern des betroffenen Kindes

Es ist entscheidend für die Art der elterlichen Reaktionen, auch für ihre emotionale Qualität, wie und wann sie von dem Vorfall erfahren. Besonders die Eltern eines betroffenen Kindes können ihre Beunruhigung in Grenzen halten, wenn sie den Eindruck gewinnen, dass sie sofort bei Bekanntwerden eines Übergriffs – durch Beobachtung oder durch Beschwerde – informiert und beraten werden. Sie brauchen das Gefühl, dass ihre Aufregung, ihre Ängste und Sorgen ernst genommen werden. Dazu gehört vor allem die Gewissheit, dass der Vorfall einmalig bleibt oder dass alles getan wird, um schon länger andauernde Übergriffe zu beenden. Der Schutz ihres Kindes muss in der Institution, der sie ihr Kind anvertrauen, ein hohes Gut sein, damit sie sich sicher fühlen können. Sie müssen erleben, dass sie selbstverständlich ein Recht auf diesen Schutz haben und nicht erst darum kämpfen müssen. Deshalb wollen und müssen Eltern genau wissen, was die pädagogischen Fachkräfte, denen sie ihr Kind anvertraut haben, in dieser Situation tun werden, denn sie müssen daraus auch eine Einschätzung für die zukünftige Sicherheit ihres Kindes ableiten.

Und dann geht es vor allem um Trost und Beruhigung, um Beratung und Fachlichkeit. Es geht den Eltern wie vielen PädagogInnen: Sie haben sich vorher kaum vorstellen können, was ein sexueller Übergriff unter Kindern überhaupt sein könnte. Und nun müssen sie besonnen darauf reagieren und ihrem Kind beistehen. Dabei können viele persönliche Ängste und Befürchtungen geweckt worden sein:

Fallbeispiel

„Warum passiert so etwas gerade meinem Kind?" „Habe ich etwas falsch gemacht?" „Habe ich mein Kind zum Opfer erzogen?" „Zu Hause merkt man ihm das doch gar nicht an." „Mir ist als Kind auch so etwas passiert, gibt man das denn immer weiter?" „Was wird meine Tochter daraus lernen? Wie muss ich mit ihr reden?" „Ist das so schlimm wie sexueller Missbrauch?" „Ich lasse sie nicht mehr unbeaufsichtigt mit anderen Kindern spielen!" „Die Schultoiletten dürfen nicht abschließbar sein!" „Braucht mein Sohn jetzt eine Therapie?" „Und wenn er nicht darüber reden will? Ist es nicht am besten, einfach nicht weiter darüber zu reden?" „Hat er jetzt Angst vor anderen Jungs?"

So und ähnlich drücken die Eltern eines betroffenen Kindes ihre Gedanken und Gefühle aus, wenn sie von dem Übergriff erfahren.

Je nach Schwere des Übergriffs – die Einschätzung orientiert sich hier am Einzelfall – ist dann ein ruhiges und kompetentes Gespräch erforderlich, das so zeitnah wie möglich, also in der Abholsituation oder im Telefonat verabredet oder sogar gleich im Anschluss stattfinden muss, wenn die äußeren Bedingungen eine ruhige Gesprächssituation erlauben. Ein persönliches Gespräch ist einem Telefonat immer vorzuziehen, um einen deutlicheren Eindruck von der emotionalen Reaktion der Mutter oder des Vaters zu bekommen und entsprechend damit umgehen zu können. In dem Gespräch muss überzeugend vermittelt werden, dass die Institution die Verantwortung übernimmt und für das weitere Vorgehen in der Klasse oder Gruppe Sorge trägt. Um authentisch zu bleiben, sollte die Lehrerin oder der Erzieher zu pädagogischen Aspekten beraten, sich jedoch nicht auf Gebiete wagen, die sie nicht beherrscht. So ist es sinnvoll, genau zu überlegen, welche Botschaft ein Kind durch den Übergriff erhalten hat:

Haben Dennis und Wladimir, die beiden Jungen mit geistiger Behinderung, entdeckt, dass sie Geld bekommen können, wenn sie ihren Po zur Verfügung stellen? Hat Nadine, der das Einführen des Spielthermometers unangenehm war, nun erfahren, dass „man das so macht"? Wird sie also auch später möglicherweise Jungen oder Männern die Entscheidung darüber, was sie mit sich machen lässt, zubilligen?

Solche Botschaften müssen deutlich heraus gearbeitet werden, damit ihnen die Erwachsenen als Autoritäten entgegenwirken können. Die Eltern sollten auch dahingehend beraten werden, wie sie ihr Kind unterstützen können, wenn es versucht, seine Grenzen, die ja verletzt wurden, in unterschiedlichen Situationen zu verteidigen. Ob aber demütigende Erfahrungen wie das erzwungene Lecken am Poloch traumatische Folgen haben könnten, sollte in einer Beratungsstelle geklärt werden. Eine solche Weitervermittlung schadet dem fachlichen Ansehen nicht, sondern bringt eher die Kenntnis der eigenen Fähigkeiten und Grenzen – und damit erzieherische Sorgfalt – zum Ausdruck.

> Die Eltern sollten auch dahingehend beraten werden, wie sie ihr Kind unterstützen können, wenn es versucht, seine Grenzen, die ja verletzt wurden, in unterschiedlichen Situationen zu verteidigen.

Eine Komplikation für die Kooperation mit den Eltern betroffener Kinder ergibt sich, wenn diese Eltern sich nicht genug um das Kind kümmern, es selten unterstützen oder ihm wenig Selbstwertgefühl vermitteln. Hier kommt es beispielsweise darauf an, ganz konkret den Blick der Eltern auf ihr Kind zu lenken, ihr Mitgefühl zu wecken und mit ihnen an den kleinen Schritten zu arbeiten, wie sie ihr Kind trösten, in den Arm nehmen und nach seinen Gefühlen fragen können. Wenn Eltern dazu neigen, Sexualität zu tabuisieren, kann es vorkommen, dass sie ihr Kind auch dann für schuldig halten und noch zusätzlich bestrafen, wenn ihm „etwas Sexuelles" in Form eines sexuellen Übergriffs angetan wurde. Dies sollte nach Möglichkeit verhindert werden.

Fallbeispiel

In einem eingangs erwähnten Fall hatte die zehnjährige Hülya zwei Mitschülern zunächst freiwillig ihre Geschlechtsteile gezeigt, hatte dann jedoch durch den gleichaltrigen Burak einen schweren sexuellen Übergriff erlitten. Hülya wurde von ihren Eltern bestraft, weil sie mit Sexualität an sich in Kontakt gekommen war.

In solchen Situationen ist es dann wichtig, als Pädagogin oder Pädagoge ein Korrektiv zum elterlichen Verhalten zu bilden und dem Kind eine gewisse Distanz zu solchen elterlichen Maßnahmen zu vermitteln, ihm zu sagen, dass das falsch ist, dass es das nicht verdient hat.

Das weitere Vorgehen in der Gruppe sollte ebenfalls mit den Eltern des betroffenen Kindes besprochen werden. Wenn z.B. ein Teil der anderen Kinder bereits etwas von dem Vorfall oder den Reaktionen darauf mitbekommen hat, ist es erforderlich, die Eltern mit präventiver Zielrichtung darüber zu informieren. Die Ziele des Gesprächs mit der Kindergruppe oder Klasse (wie sie im Abschnitt „Information, Prävention, Sicherheit: Der Umgang mit der Kindergruppe oder Klasse" dargestellt wurden) sollten den Eltern vermittelt werden. Denn sie sind nun ganz besonders sensibel in Bezug auf die Intimsphäre ihres Kindes, sie wollen keine weiteren Bloßstellungen oder gar Verletzungen.

Doch hier müssen Gruppen- und Einzelinteresse sorgfältig abgewogen werden. Gemeinsam kann überlegt werden, wie viel gesagt werden muss und mit welchen Worten. Vor allem sollte den Eltern zugesichert werden, dass man dafür Sorge tragen wird, dass niemand achtlos oder kränkend mit diesem Wissen umgeht. Eltern können durch solche Zusicherungen auch motiviert werden, ihr eigenes Verhalten gegenüber ihrem Kind an solchen Erwägungen zu orientieren. Sie können dann beispielsweise erkennen, dass es für ihr Kind verletzend wäre, wenn seine Erfahrung des sexuellen Übergriffs im Detail mit Verwandten oder Freunden der Familie besprochen würde.

Die Eltern des übergriffigen Kindes

Die Eltern eines übergriffigen Kindes entwickeln aus der hohen Identifikation mit ihrem Kind fast immer Schuldgefühle, wenn ihnen ein solcher Vorfall mitgeteilt wird. Sie fühlen sich als Erziehende angegriffen, denn nur wenn sie etwas falsch gemacht haben, kann es zu diesem übergriffigen Verhalten gekommen sein – so jedenfalls stellen sie sich die Vermutungen der PädagogInnen vor. Im Bereich Sexualität und Gewalt „falsch" zu erziehen, ein negatives Vorbild zu sein, Vermutungen über den Kontakt ihres Kindes mit altersunangemessenen Medien zu hören, es vielleicht sogar nicht ausreichend vor Übergriffen durch Erwachsene geschützt zu haben, ist als mögliche Unterstellung schwer auszuhalten.

Die Sorge, was die pädagogischen Fachkräfte in dieser Situation wohl von den Eltern eines solchen Kindes halten mögen, ob sie sogar die Eltern selbst des Missbrauchs verdächtigen, verschärft die Lage. Dies führt dazu, dass die Eltern abblocken, die pädagogische Einrichtung verantwortlich machen („Zu Hause ist er nie so!" oder „Das kann er nur hier gelernt haben!") oder im Gegenzug die betroffenen Kinder angreifen, ihre Wahrnehmung oder Einschätzung bezweifeln, sie für überempfindlich, übertreibend oder gar unehrlich halten.

> Die Sorge, was die pädagogischen Fachkräfte wohl von den Eltern eines übergriffigen Kindes halten mögen, ob sie sogar die Eltern selbst des Missbrauchs verdächtigen, kann dazu führen, dass die Eltern abblocken.

Wenn sich die PädagogInnen auf dieses Abwiegeln einlassen, führt das zur Bagatellisierung des Vorfalles und damit zu massiven Ohnmachterfahrungen für die betroffenen Kinder. Typischerweise kommt dies vor, wenn sich die Eltern des übergriffigen Kindes in der Klassen- oder Gruppenhierarchie an oberer Stelle befinden, wenn sie gesellschaftlich sehr angesehen sind, wenn das Kind mit seinen Problemen und Auffälligkeiten bereits von den PädagogInnen

„adoptiert" wurde oder aber das bisherige Auftreten dieser Eltern Angst erzeugt hat. So haben die Vorstandsmitglieder eines Schülerladens gute Chancen, für ihr Kind „Stimmung zu machen". Dies lässt sich anhand von zwei bereits geschilderten Beispielfällen verdeutlichen:

Fallbeispiel

Die Eltern von Manuel, der Leo gezwungen hatte, die Klobrille und das Poloch seines Freundes Jakob abzulecken, schützten ihn, indem sie seine Motive „harmlos", ja sogar „positiv" umdeuteten: Ihr Sohn wollte eigentlich Leo dazu bringen, sich endlich einmal gegen Demütigungen zu wehren, indem er so übersteigerte Forderungen stellte, dass es zu einem Aufbegehren kommen musste.

Der Vater des dreizehnjährigen Johannes, der auf einer Klassenfahrt eine Mitschülerin anal vergewaltigt hatte, hatte sich als Rechtsanwalt sofort an die Schulleitung gewandt und ihr alle Maßnahmen gegen seinen Sohn untersagt. Dies untermauerte er mit einem ärztlichen Attest, das seinem Sohn Erektionsunfähigkeit bescheinigte.

Es ist sinnvoll, solche möglichen Abwehrreaktionen von vornherein in das Gespräch mit den Eltern einzubeziehen und ggf. ihre Formulierung sogar vorwegzunehmen. Das sorgt für Transparenz und Vertrauen in einem solchen Gespräch. Die Eltern können angemessener mit den Informationen umgehen, wenn Vermutungen ausgesprochen und Fragen gestellt werden, wenn sie Erklärungen und Verständnis erhalten.

Hierfür sind Einfühlungsvermögen und Tonfall entscheidend, d.h. jegliche Andeutung eines Vorwurfs an die Eltern sollte sorgfältig vermieden werden. Allerdings muss es auch bei einer konsequenten Einschätzung und Haltung durch die ErzieherInnen oder Lehrkräfte bleiben.

Hilfreich ist es auch, wenn die LehrerInnen und ErzieherInnen sich ihrer Kompetenz und Bedeutung gegenüber den Eltern bewusst sind: Sie sind die professionellen pädagogischen Fachkräfte, sie haben einen offeneren Blick auf das Kind, sie verfügen über Beratungskompetenz. In dieser Funktion können sie sich Sorgen machen und sie mitteilen, sie können fragen, ob die Eltern irgendwelche Anhaltspunkte für mögliche Problemursachen erkennen können. Anschließend können sie mit den Eltern weitergehen, sie zu einer Sicht und Strategie führen, die eine Perspektive und Unterstützung der Haltung und Maßnahmen in der Einrichtung bietet.

Dies ist z.B. sinnvoll, wenn das Thema Grenzen ein grundlegendes Problem des übergriffigen Kindes ist. Es kann sein, dass es seine eigenen Grenzen nicht kennt, weil es von zu Hause keine klare und berechenbare Erziehungshaltung gewohnt ist, oder dass es bisher nicht gelernt hat, die Grenzen anderer zu akzeptieren. In diesen Fällen gibt eine detaillierte Beratung den Eltern Anhaltspunkte dafür, wie sie sich in alltäglichen Konfliktsituationen verhalten können. Werden diese Vorschläge von den Eltern akzeptiert und auch umgesetzt, erlebt das übergriffige Kind also eine übereinstimmende Haltung der Erwachsenen zu Hause wie in der Einrichtung, dann ist dies eine äußerst wirkungsvolle Unterstützung der pädagogischen Maßnahmen in der Einrichtung.

Lehnen jedoch die Eltern des übergriffigen Kindes die Maßnahmen oder Erziehungsleitlinien der Einrichtung eigentlich ab und verhalten sich gegensätzlich, ist es sehr schwer, dagegenzuhalten. Das Kind fühlt sich von seinen Eltern bestätigt und schafft es in einem Konfliktfall kaum, sich mit den Wertvorstellungen der PädagogInnen, die ja nicht auf seiner Seite zu sein scheinen, zu identifizieren und neue Werte zu übernehmen.

Die beschriebene Haltung aus mitfühlendem Verständnis, Klarheit und Kompetenz bildet eine gute Grundlage, um auch Eltern zu erreichen, die sich nur ungern mit eigenem Fehlverhalten kon-

> Mit einer Haltung aus Verständnis, Klarheit und Kompetenz können auch Eltern erreicht werden, die sich nur ungern mit eigenem Fehlverhalten konfrontieren lassen. Sie werden ernst genommen und nicht aus Angst vor Konfrontation allein gelassen.

frontieren lassen. Sie werden ernst genommen, nicht aus Angst vor Konfrontation allein gelassen oder nur oberflächlich bestätigt. Inhaltlich funktioniert
das auch dadurch, dass die Eltern des übergriffigen Kindes erfahren, wie ihrem
Kind in der Einrichtung begegnet wird:

▶ Das Kind wird nicht als „Täter" stigmatisiert und nicht vor den anderen
   Kindern gedemütigt oder bloßgestellt.

▶ Seine Intimsphäre wird, soweit es möglich ist, gewahrt; die anderen
   Erwachsenen und Kinder erfahren nicht sämtliche Details des Vorfalles
   über das pädagogisch und präventiv Notwendige hinaus – die Information über den Vorfall wird sinnvoll begrenzt.

▶ Die in Aussicht genommenen oder bereits angeordneten Maßnahmen
   verdeutlichen, dass der Vorfall nicht in Ordnung war, dass so etwas nicht
   erlaubt ist.

▶ Die Maßnahmen sind für das Kind mit einer Chance verbunden, sein Verhalten zu ändern.

▶ Die PädagogInnen trauen dem Kind eine Verhaltensänderung zu und
   helfen ihm dabei.

Diese Haltung können indirekt auch die Eltern miterleben und auf sich beziehen.

Wenn der Vorfall zu den intensiveren Handlungen gehört, schon als Verhaltensmuster erworben wurde oder die Fortsetzung von anderen problematischen Verhaltensweisen des Kindes in der Gruppe ist, brauchen die Eltern kon-
sequentere Hilfe von den pädagogischen Fachkräften. So kann es angebracht
sein, in regelmäßigen Abständen Elterngespräche zu vereinbaren, um sich
gegenseitig über die Fortschritte, aber auch weiterhin bestehende Verhaltens-
probleme in der Familie oder Einrichtung auszutauschen. Dies müssen die
Eltern als Unterstützung ihrer eigenen Bemühungen erfahren. Dazu bedarf es
intensiver Gespräche, die deutlich das Problem und die notwendigen Maßnahmen benennen und auch die Frage thematisieren, ob die Eltern sich von den
Konflikten abwenden, weil ihnen keine Lösung einfällt oder sie sich ihre Hilflosigkeit nicht eingestehen können. Es ist jedoch auch wichtig, herauszuarbei-

ten, was die Eltern bisher bereits – vielleicht vergeblich – versucht haben. Hier gilt es, jede geringste Kompetenz anzusprechen und einzubeziehen. Denn es geht dabei um neue Möglichkeiten für ihr Kind, um die Chance, Probleme und Konflikte erfolgreicher anzugehen.

Wenn die Beratung, die die Eltern in der Schule oder Kita selbst bekommen, nicht ausreicht, um ihnen Sicherheit und konkrete Handlungsanweisungen zu geben, ist es oft sinnvoll, sie an eine spezialisierte Beratungsstelle oder an die Erziehungsberatung zu vermitteln, mit der die Einrichtung in Kontakt steht. Denn häufig können diese Eltern nicht alle Ängste und Familieninterna mit den Fachkräften der Einrichtung besprechen, die ihnen alltäglich begegnen. Sie fürchten, zuviel von sich und ihren Familienproblemen zu zeigen, den Blick auf ihr Kind als Gewaltopfer einzuengen. Doch gerade wenn es um Gewalt in der Familie geht, ist dies eine Situation, die Kinder immer schwer beeinträchtigt oder sogar traumatisiert und eine intensive Bearbeitung fordert. Eine externe und damit aus Sicht der Eltern neutrale Beratungsinstanz ermöglicht den Eltern hier einen offeneren Umgang mit der Problematik.

Der wichtigste Grund, der eine Einbeziehung der Eltern des übergriffigen Kindes verbietet, ist der Verdacht auf sexuellen Missbrauch in der Familie. Hier könnte jede unbedachte Information der Eltern, die ihnen den Eindruck vermittelt, dass ihr Kind mit einem solchen Thema in den Blick der Fachleute geraten ist, das Kind gefährden.

> Der wichtigste Grund, der eine Einbeziehung der Eltern des übergriffigen Kindes verbietet, ist der Verdacht auf sexuellen Missbrauch in der Familie. Hier könnte jede unbedachte Information das Kind gefährden.

Sie könnten es dann unter verstärkten Schweigedruck setzen, es stärker isolieren, aus der Kita abmelden oder misshandeln. Außerdem könnten Verständnis und Unterstützung für solche Eltern dem Kind die fatale Botschaft geben, dass es auch hier mit seinem Erleben nicht gesehen wird.

Gerade in solchen Fällen bleibt es dabei, dass auch pädagogische Fachkräfte, sofern sie nicht bereits über entsprechende Kenntnisse und Erfahrungen verfügen, eine Beratungsstelle aufsuchen und Strategie und konkrete Schritte besprechen und planen sollten.

Dabei wird es zunächst um eine Verdachtsabklärung und gegebenenfalls um die Möglichkeiten zur Intervention gehen. Wo dies nicht möglich ist, sollte dennoch unbedingt Beratung zu der Frage gesucht werden, wie pädagogisch mit einem übergriffigen Kind umgegangen werden kann, ohne dessen Eltern einzubeziehen. Besonders heikel wird die Situation, wenn der Verdacht auf sexuellen Missbrauch des übergriffigen Kindes bereits unter den anderen Eltern kursiert. Hier hilft nur noch, die entsprechenden Personen mit deutlichen Hinweisen auf die Gefahren für das Kind in die Verantwortung zu nehmen und zum Schweigen zugunsten einer wirksamen Intervention zu verpflichten. Außerdem sollte verdeutlicht werden, dass ein Verdacht kein Beweis ist und aus diesem Grunde Zurückhaltung mit Äußerungen dringend geboten ist.

DAS SEXUAL-
PÄDAGOGISCHE KONZEPT

DIE BEDEUTUNG EINES
SEXUALPÄDAGOGISCHEN KONZEPTS

Ist in einer Schule oder Kita ein sexueller Übergriff vorge-
fallen oder gab es Unsicherheiten, ob es sich nicht eher um „normale" sexuelle
Aktivitäten von Kindern handelt, entsteht meist Beratungsbedarf: Wie kann
man beides voneinander unterscheiden? Darf oder muss man auf sexuelle
Aktivitäten pädagogisch reagieren? Wie sieht der fachlich angemessene
Umgang mit sexuellen Übergriffen aus?

Die bisherigen Kapitel haben sich mit diesen Fragen beschäftigt und Antworten angeboten, die für den jeweiligen Fall Handlungskompetenz vermitteln.
Die Summe dieser Fragestellungen und die entsprechenden Antworten bilden
zugleich die Umrisse eines zu erarbeitenden sexualpädagogischen Konzepts
für eine Einrichtung. Die Erstellung eines sexualpädagogischen Konzepts ist
eine präventive Maßnahme, um sexuelle Übergriffe unter Kindern in pädagogischen Einrichtungen für die Zukunft möglichst zu verhindern bzw. einen
fachlichen Umgang damit zu gewährleisten. Darüber hinaus erlaubt es, einen
bewussten, einheitlichen Umgang mit kindlicher Sexualität zu entwickeln und
verbindliche Schwerpunkte für die Sexualerziehung zu bestimmen. Dadurch

erleben die Kinder, dass es nicht dem Zufall überlassen ist, wie auf ihre sexuellen Verhaltensweisen oder Fragen reagiert wird. Ein sexualpädagogisches Konzept vermittelt Sicherheit im Umgang mit diesen Herausforderungen des erzieherischen Alltags.

Es ist ein Qualitätsmerkmal von pädagogischen Einrichtungen und unterstreicht die fachliche Kompetenz der MitarbeiterInnen. In keinem der Fälle, in denen sich Kitas oder Schulen in den letzten Jahren mit Beratungsbedarf zu diesen Fragen an *Strohhalm* gewandt haben, konnten sich die PädagoInnen auf eine entsprechende Konzeption stützen.

In allen Fällen wurde aber im Beratungsprozess deutlich, dass es notwendig sein wird, für die Zukunft ein sexualpädagogisches Konzept anzustreben. Sexuelle Übergriffe und Unsicherheiten bei sexuellen Aktivitäten sollten also spätestens der Anlass sein, um ein solches Konzept zu erarbeiten.

Es wäre wünschenswert, wenn in pädagogischen Einrichtungen auch vorbeugend und ohne aktuellen Handlungsdruck ein sexualpädagogisches Konzept entwickelt würde.

ErzieherInnen und LehrerInnen gelangen durch die Beratung zu der Einschätzung, dass ein sexualpädagogisches Konzept nicht nur unangemessene Reaktionen und Unsicherheiten im Umgang mit den Kindern hätten verhindern können, sondern auch Kommunikationsprobleme bis hin zu massiven Kommunikationsstörungen mit deren Eltern sowie Konflikte im Team oder mit der Leitung.

Aber auch wer sich ohne konkreten Anlass mit diesen Fragen beschäftigt, kann die Vorteile und den Nutzen einer solchen Konzeption erkennen: Es wäre wünschenswert, wenn in pädagogischen Einrichtungen auch vorbeugend und ohne aktuellen Handlungsdruck ein sexualpädagogisches Konzept entwickelt würde.

Ein sexualpädagogisches Konzept sollte drei wesentliche Bereiche umfassen:

▶ Kindliche Sexualität und Umgang mit sexuellen Aktivitäten von Kindern
▶ Themen der Sexualerziehung
▶ Fachlicher Umgang mit sexuellen Übergriffen unter Kindern

Diese Bereiche sind eng miteinander verbunden, bauen aufeinander auf und verweisen aufeinander. PädagogInnen, die ein Grundlagenwissen zur sexuellen Entwicklung haben, gelingt es einzuschätzen, ob sexuelle Verhaltensweisen von Kindern als „normal" anzusehen sind oder ob sie sexuelle Übergriffe darstellen. Sie können Sexualerziehung als Chance erkennen, um die sexuelle Entwicklung von Kindern zu fördern. Eine Einrichtung, die Sexualerziehung zu ihrer Aufgabe gemacht hat, schafft damit Grundlagen, um Kinder vor sexuellen Übergriffen zu schützen. Denn Kinder, die über ein altersangemessenes Sexualwissen verfügen, haben gelernt, dass Sexualität mit Lust, Interesse und eigenen Bedürfnissen verbunden ist, dass auch sie als Kinder ihr sexuelles Interesse ausdrücken dürfen und dass sie dabei ein Recht auf ihre Grenzen haben und zugleich die Pflicht, die Grenzen anderer zu respektieren. Es fällt ihnen leichter, über sexuelle Übergriffe zu sprechen, weil Sexualität ein offenes Thema in der Einrichtung ist.

Beim sexualpädagogischen Konzept ist der Prozess der Erarbeitung genauso wichtig wie das Ergebnis. Es genügt also nicht festzuschreiben, dass fachliches Grundlagenwissen über die sexuelle Entwicklung von Kindern den Maßstab für den Umgang mit sexuellen Aktivitäten von Kindern setzt, denn allein durch das Konstatieren dieses Anspruchs wird er ja noch nicht verwirklicht. Deshalb ist zu überlegen, auf welche Weise alle KollegInnen dieses Wissen erwerben können.

So kann man sich darauf einigen, dass gemeinsam eine entsprechende Fortbildung besucht, eine Referentin eingeladen wird, Fachbücher angeschafft, gelesen und diskutiert werden. Dabei sollte bereits im Vorfeld die Frage berücksichtigt werden, wie dieser für das Team verbindliche Wissensstand später auch von eventuell neu hinzukommenden KollegInnen erreicht werden kann. Hier bietet es sich an, für neue MitarbeiterInnen eine entsprechende Fortbildung im ersten halben Jahr ihrer Tätigkeit zu organisieren.

Denkbar wäre auch, ihnen die entsprechende Fachliteratur zur Lektüre zur Verfügung zu stellen und im Anschluss daran im Rahmen einer Dienstbesprechung oder eines Studientages das Thema für alle (auch zur Auffrischung) auf die Tagesordnung zu setzen.

Hat man in einem Teamprozess einen Konsens zum Umgang mit sexuellen Aktivitäten entwickelt, wie dies im Abschnitt „Welcher pädagogische Umgang mit sexuellen Aktivitäten von Kindern ist sinnvoll?" (Kapitel „Kindliche Sexualität und Sexualerziehung") beschrieben wurde, ist es wichtig, diesen Konsens detailliert zu beschreiben.

Hier sollten sexuelle Aktivitäten, wie sie in der Einrichtung beobachtet wurden, im Einzelnen benannt und gemeinsam offen besprochen werden. Weiter sollte festgehalten werden, welche dieser Aktivitäten erwünscht sind, auf welche erzieherisch eingewirkt werden sollte und wie das geschehen soll. Dabei sollten auch die jeweiligen Gründe benannt werden.

Hat man sich z.B. entschieden, dass in einer Kita Masturbation grundsätzlich nicht verboten werden sollte, dass man aber zugleich den Kindern gewisse Schamregeln beibringen möchte, sollte sich der Hinweis finden, dass man Kinder ab einem bestimmten Alter bittet, sich zu dieser sexuellen Aktivität zurückzuziehen.

Regeln für Kinder formulieren

In der Praxis hat es sich auch bewährt, Regeln im Konzept zu formulieren, die den Umgang der Kinder miteinander Umgehenim Bereich der Sexualität sowie die Verhinderung von sexuellen Übergriffen betreffen. Solche Regeln können für eine Kita beispielsweise lauten:

- ▶ „Jedes Kind darf selbst bestimmen, ob es von anderen angefasst werden will."
- ▶ „Jedes Kind entscheidet selbst, ob es allein oder gemeinsam mit anderen aufs Klo gehen will."
- ▶ „Wer Doktorspiele machen oder sich selbst streicheln will, soll dazu in die Kuschelecke gehen."
- ▶ „Kein Kind darf ein anderes zu Doktorspielen zwingen."
- ▶ „Doktorspiele dürfen nur ungefähr gleichaltrige Kinder miteinander machen,"

und dergleichen mehr. Für Schulklassen wären z.B. folgende Regeln denkbar:

- ▶ „Jungen haben auf dem Mädchenklo nichts zu suchen und umgekehrt."
- ▶ „Es ist nicht erlaubt, Mädchen oder Jungen gegen ihren Willen zu küssen." usw.

Weiter sollte entschieden werden, wie die Kinder mit den Regeln vertraut gemacht werden, ob sie bei entsprechenden Anlässen besprochen werden oder auch unabhängig davon. Will man keine für die gesamte Einrichtung verbindlichen Regeln formulieren, kann die Konzeption vorsehen, dass dies individuell in den einzelnen Klassen oder Kindergruppen geschehen soll.

> Neue KollegInnen sollten mit konzeptionellen Entscheidungen vertraut gemacht werden, um entscheiden zu können, ob sie diese mittragen können. Eine Veränderung im Team oder im Kollegium kann auch dazu führen, dass das Konzept verändert wird.

Fallen MitarbeiterInnen zu einem späteren Zeitpunkt neue, noch nicht besprochene sexuelle Aktivitäten auf, muss der Umgang damit erneut diskutiert und das Konzept um diesen Aspekt erweitert werden. Neue KollegInnen sollten mit diesen konzeptionellen Entscheidungen vertraut gemacht werden, um entscheiden zu können, ob sie diese mittragen können. Gegebenenfalls kann eine Veränderung im Team oder im Kollegium auch dazu führen, dass das Konzept verändert wird.

Das Gleiche gilt für die Themen und Methoden der Sexualerziehung. Das Konzept muss so deutlich sein, dass jede Kollegin und jeder Kollege weiß, welche Erwartungen in diesem Bildungsbereich an sie gestellt werden.

Regeln für den fachlichen Umgang formulieren

Anders als die Konzeptteile „Sexuelle Aktivitäten" und „Sexualerziehung", die ja in der inhaltlichen Ausgestaltung vom jeweiligen Konsens des Teams bzw. des Kollegiums und vom Profil der Einrichtung abhängig sind, hat der Konzeptteil „Der fachliche Umgang der Problematik" weniger Gestaltungsspielraum. Der Umgang mit sexuellen Übergriffen kann sich aus Gründen des Kinderschutzes nur an fachlichen Erwägungen orientieren. Persönliche Haltungen oder „Rücksicht" auf ein bestimmtes Träger- oder Schulprofil dürfen nicht zu Abstrichen beim professionellen Umgang führen.

So kann eine konfessionelle Kita zwar zu der Entscheidung kommen, dass sie Masturbation in ihrer Einrichtung nicht wünscht und Kinder auf den privaten Rahmen damit verweist, aber aus fachlichen Gründen wäre es falsch, zu entscheiden, dass alle an sexuellen Übergriffen beteiligte Kinder – also betroffene und übergriffige – Maßnahmen zu erwarten haben, oder dass man gegenüber der Elternschaft in diesen Fällen grundsätzlich Stillschweigen bewahren will, um den Ruf der Kita nicht zu gefährden. Deshalb ist es unverzichtbarer Bestandteil eines sexualpädagogischen Konzepts, den fachlichen Umgang in seinen Grundzügen zu beschreiben und sich als Team oder Kollegium darauf zu verpflichten. Es ist sinnvoll, in diesem Teil des Konzepts Maßnahmen zu benennen, die in Betracht kommen, um übergriffigen Kindern Grenzen zu setzen und betroffene Kinder zu schützen.

Denn diese Entscheidung ist in jeder Einrichtung unterschiedlich in Abhängigkeit von den Vorerfahrungen mit Maßnahmen, von der personellen Ausstattung, den räumlichen Gegebenheiten und sonstigen individuellen Bedingungen der Schule oder Kita. Wurden in der Konzeption verschiedene Maßnahmen erörtert, können sie den pädagogischen Fachkräften als Anregung dienen, wenn sie im konkreten Fall Maßnahmen aussprechen wollen. Denn häufig treten in dieser Phase des Umgangs mit sexuellen Übergriffen praktische Probleme auf, wenn differenzierte und dem Einzelfall angemessene Maßnahmen nie zuvor thematisiert wurden.

Konsens im Team anstreben
Die Erfahrung zeigt, dass nur solche sexualpädagogischen Konzepte die gewünschte Wirkung entfalten, die von allen in der Einrichtung beschäftigten KollegInnen mitgetragen werden. Aus diesem Grund ist beim Entstehungsprozess darauf zu achten, dass das Konzept dem Team oder Kollegium von der Leitung oder engagierten KollegInnen nicht nur „vorgesetzt" und erläutert wird. Damit es für alle verbindlich ist, sollte es das Ergebnis eines gemeinsamen Diskussions- und Bildungsprozesses sein, der einen relativ großen Zeitaufwand erfordert. Eine einmalige Besprechung wird nicht ausreichend sein.

Die schriftliche Ausarbeitung kann von der Leitung oder einzelnen ErzieherInnen oder Lehrkräften übernommen werden, muss aber abschließend von allen Beteiligten nochmals besprochen werden. Dabei sollten alle Einzelheiten nochmals dahin gehend überprüft werden, ob die darin enthaltenen Anforderungen von dieser Einrichtung und ihren MitarbeiterInnen auch tatsächlich umgesetzt werden können. Das Konzept muss handhabbar bleiben und darf die ErzieherInnen und LehrerInnen nicht durch Maximalanforderungen überfordern.

Gibt es Einwände hinsichtlich der Umsetzbarkeit von Maßnahmen, ist es besser, noch einmal einzelne Abstriche zu machen. Hat sich z.B. ein Team darauf geeinigt, grundsätzlich „Doktorspiele" zuzulassen, weil diese Aktivitäten die sexuelle Entwicklung von Kindern fördert, ist zu bedenken, ob diese Entscheidung wirklich so grundsätzlich gelten soll. Denn der Gedanke, dass manche Eltern in der Abholsituation irritiert reagieren könnten, wenn sie ihre Tochter oder ihren Sohn in der Raummitte nackt, mit gespreizten Beinen bei einer „Untersuchung" vorfinden, kann Zweifel wecken, ob die einzelne Erzieherin sich einer angemessenen Erklärung gewachsen fühlt. Möglicherweise wäre es dann sinnvoll, die Orte für „Doktorspiele" einzuschränken, also die Kuschelecke oder die erhöhte Spielebene dafür vorzusehen.

Das sexualpädagogische Konzept sollte auch den Eltern vorgestellt werden, damit sie Aufschluss darüber erhalten, welche sexualpädagogische Haltung in einer Einrichtung vertreten wird, worauf sie sich verlassen dürfen, aber auch, womit sie rechnen müssen. Wurde das sexualpädagogische Konzept erstmalig erarbeitet, ist es sinnvoll, einen eigenen thematischen Elternabend zu veranstalten, um das Konzept zu präsentieren. Kommen neue Kinder in die Einrichtung oder Klasse, sollte den Eltern im Aufnahmegespräch bzw. beim ersten Elterngespräch das sexualpädagogische Profil der Einrichtung vorgestellt werden. In der Grundschule kann der obligatorische Elternabend vor Beginn der Sexualerziehung dazu genutzt werden, darauf hinzuweisen, dass die Sexualerziehung in ein sexualpädagogisches Gesamtkonzept eingebettet ist.

Die Eltern sollten erfahren, welche Inhalte das sexualpädagogische Konzept hat, um eigene Anregungen und Kritik einbringen zu können. Die letzte Entscheidung über den Umgang mit elterlichen Anregungen trifft jedoch die Einrichtung, weil sie die pädagogische Verantwortung letztlich trägt.

> Die Eltern sollten Gelegenheit erhalten, eigene Anregungen in das sexualpädagogische Konzept einzubringen. Die Entscheidung über den Umgang mit diesen Anregungen trifft jedoch die Einrichtung, weil sie die pädagogische Verantwortung trägt.

Manchmal ist es auch sinnvoll, einem Elternabend vorbereitende Elterngespräche vorzuschalten aus Rücksicht auf solche Eltern, die der öffentliche Rahmen eines Elternabends überfordern könnte: Sei es, weil sie sich nicht trauen, vor vielen Leuten zu sprechen, sei es, weil kulturelle oder andere Gründe es ihnen verbieten, über sexuelle Themen öffentlich zu sprechen.[53] Erfahrungsgemäß führen Gesprä-

---

53 Bundeszentrale für gesundheitliche Aufklärung (Hg.): Entdecken, schauen, fühlen! Handbuch für Erzieherinnen und Erzieher zur Kindergartenbox. Köln 2003, S. 39

che über Sexualität und Informationen über die sexuelle Entwicklung von Kindern und die Bedeutung von Sexualerziehung auch bei unterschiedlichen Auffassungen zu einer Annäherung, wenn diese Gespräche in einer Atmosphäre stattfinden, die vom Respekt für unterschiedliche Haltungen geprägt ist. Wo divergierende Einstellungen bestehen bleiben, ist es hilfreich sich zu vergegenwärtigen und auch den Eltern begreiflich zumachen, dass Elternhaus und Kita als unterschiedliche Sozialisationsinstanzen auch in anderen Erziehungsbereichen den Kindern nicht immer identische Werte und Sichtweisen Kindern vermitteln können. Dies ist auch gar nicht unbedingt wünschenswert, da die Konfrontation mit unterschiedlichen und Haltungen die Kinder schließlich auch auf die reale gesellschaftliche Vielfalt an Werten vorbereitet.

Ein sexualpädagogisches Konzept, das neben der sexuellen Entwicklung der Kinder einen Schwerpunkt auf die Berücksichtigung unterschiedlicher Schamgrenzen legt, hat gute Chancen, akzeptiert zu werden.

Diese Unterschiedlichkeit kann von Kindern dann als bereichernd erlebt werden, wenn der Respekt vor der jeweils anderen Einstellung gewahrt wird. Gerade wenn sich die Einstellungen zur Sexualerziehung aufgrund von kultureller Herkunft oder religiöser Überzeugung in Kita und Elternhaus unterscheiden, ist der respektvolle Umgang wichtig. Ein sexualpädagogisches Konzept, das neben der sexuellen Entwicklung der Kinder einen Schwerpunkt auf die Berücksichtigung unterschiedlicher Schamgrenzen legt, hat gute Chancen, akzeptiert zu werden.

Manche Eltern stehen dem sexualpädagogischen Konzept, insbesondere der Sexualerziehung einer Kita oder Schule auch deshalb ablehnend gegenüber, weil sie befürchten, Sexualerziehung mache Kinder anfälliger für sexuellen Missbrauch. Sie vermuten, dass erst die Beschäftigung mit Sexualität die Kinder auf sexuelle Vorgänge neugierig macht. Hier ist es wichtig, den Eltern zu vermitteln, dass Sexualerziehung im Gegenteil präventiv wirkt. (Im Kapitel

„Kindliche Sexualität und Sexualerziehung" finden sich in den Abschnitten „Ist die Kita der richtige Ort für Sexualerziehung?" und „Ist Sexualerziehung in der Schule sinnvoll?" zu diesem Thema wichtige Hinweise.)

Die Erfahrungen aus vielen Elternabenden von *Strohhalm*, die einen Schwerpunkt auf die Bedeutung von Sexualerziehung für die Prävention von sexueller Gewalt legen, zeigen, dass es mit dem Hinweis auf diese Zusammenhänge gelingen kann, auch anfänglich skeptische Eltern vom Sinn der Sexualerziehung zu überzeugen. Gerade solche Eltern, denen es schwer fällt, Sexualerziehung als Bildungsbereich an sich für ihre Kinder anzuerkennen, können diese eher akzeptieren, wenn sich ihnen erschließt, dass sie zum Schutz ihrer Kinder beiträgt.

Am produktivsten gestaltet sich die Atmosphäre, wenn dies jenseits eines akuten Problems geschieht, wenn also Sexualpädagogik auf der Tagesordnung steht, „bevor etwas passiert ist" oder bevor es ernsthafte Beschwerden von Eltern gab. Aber eine Einrichtung beweist auch Verantwortung und kann aufgebrachte Eltern überzeugen, wenn sie, veranlasst durch Vorfälle oder Probleme, ein sexualpädagogisches Konzept für die Zukunft erarbeitet, anstatt die Probleme zu übersehen oder scheinbar willkürlich damit umzugehen. Auch pädagogische Institutionen dürfen aus Fehlern und Problemen lernen!

Literatur

▸ Amann, Stefanie/Zinser, Sigrid: Kindergartenbox „Entdecken, schauen, fühlen!" Medienpaket der BzgA zur Körpererfahrung und Sexualerziehung im Kindergarten. In: BzgA Forum 4/2003
▸ Bachmair, Sabine u.a.: Beraten will gelernt sein. Weinheim 1999
▸ Bange, Dirke/Deegener, Günther: Sexueller Missbrauch an Kindern. Weinheim 1996
▸ Bettelheim, Bruno: Ein Leben für Kinder. Stuttgart 1989
▸ Bundeszentrale für gesundheitliche Aufklärung (Hg.): Entdecken, schauen, fühlen. Handbuch für Erzieherinnen und Erzieher zur Kindergartenbox. Köln 2003
▸ Deegener, Günther: Sexuell aggressive Kinder und Jugendliche – Häufigkeiten und Ursachen, Diagnostik und Therapie. In: Höfling u.a. (Hg.): Auftrag Prävention. Offensive gegen sexuellen Kindesmissbrauch. München 1999
▸ Enders, Ursula (Hg.): Zart war ich, bitter war's. Handbuch gegen sexuellen Missbrauch. Köln 2001
▸ Enders-Dragässer, Uta/Fuchs, Claudia (Hg.): Frauensache Schule. Frankfurt am Main 1991
▸ Fried, Lilian: Sexualität im Kindergarten – immer noch ein Tabu? In: www.familienhandbuch.de
▸ Fürniss, Tillmann: Aspekte zur spezifischen Therapie mit jugendlichen sexuellen Misshandlern. In: Höfling u.a. (Hg.): Auftrag Prävention. Offensive gegen sexuellen Kindesmissbrauch. München 1999
▸ Heiliger, Anita/Engelfried, Constance: Sexuelle Gewalt. Männliche Sozialisation und potentielle Täterschaft. Frankfurt am Main 1995
▸ Heiliger, Anita: Strukturen männlicher Sozialisation und (potentielle) Täterschaft sexueller Übergriffe gegen Mädchen und Frauen. In: Wodtke-Werner, V./Mähne, U. (Hg.): Nicht wegschauen! Vom Umgang mit Sexual(straf)tätern. Baden-Baden 1999
▸ Höfling, Siegfried/Drewes, Detlef/Epple-Waigel, Irene (Hg.): Auftrag Prävention. Offensive gegen sexuellen Missbrauch. München 1999
▸ Hofsäss, Thomas: Exkurs zum Suizidalverhalten von Jugendlichen mit gleichgeschlechtlicher Orientierung. In: Senatsverwaltung für Bildung, Jugend und Sport – Fachbereich für gleichgeschlechtliche Lebensweisen (Hg.): Sie liebt sie. Er liebt ihn. Eine Studie zur psychosozialen Lage junger Lesben, Schwuler und Bisexueller in Berlin. Berlin 1999
▸ Kindler, Heinz: Evaluation der Wirksamkeit präventiver Arbeit gegen sexuellen Missbrauch an Mädchen und Jungen (Hg. Amyna e.V.). München 2003
▸ König, Gertrude: Täter – Opfer: eine hilfreiche Dichotomie? In: BAG Kinderschutzzentren (Hg.): Beziehungshungrig und grenzenlos – Sexuell aggressive Jungen zwischen Hilfe und Sanktion. Dokumentation Fachkongress 2003
▸ Körner, Wilhelm/Lenz, Albert (Hg.): Sexueller Missbrauch, Band 1: Grundlagen und Konzepte. Göttingen 2004
▸ Laewen, Hans-Joachim/Andres, Beate (Hg.): Bildung und Erziehung in der frühen Kindheit. Bausteine zum Bildungsauftrag von Kindereinrichtungen. Weinheim 2002
▸ Meyer-Deters, Werner: Was Fritzchen nicht verlernt hat, tut Fritz immer noch. Leitlinien in der Arbeit mit kindlichen und jugendlichen Tätern. In: Enders, Ursula (Hg.): Zart war ich, bitter war's. Handbuch gegen sexuellen Missbrauch. Köln 2001
▸ Meyer-Deters, Werner: Minderjährige sexuelle Missbraucher – Eine Herausforderung für die Jugendhilfe. In: Braun, Gisela/Hasebrink, Marianne/Huxoll, Martina (Hg.): Pädosexualität ist Gewalt – (Wie) Kann die Jugendhilfe schützen? Weinheim 2003
▸ Milhoffer, Petra: Selbstwahrnehmung, Sexualwissen und Körpergefühl 8- bis 14jähriger Mädchen und Jungen. In: BzgA Forum 2/1998
▸ Romer, Georg in: Bange, Dirk/Körner, Wilhelm (Hg.): Handwörterbuch Sexueller Missbrauch. Göttingen 2002
▸ Romer, Georg/Graf Schimmelmann, Benno: Kinder als „Täter" – Diagnostik und Therapie bei nicht strafmündigen sexuell aggressiven Jungen. In: Körner, Wilhelm/Lenz, Albert (Hg.): Sexueller Missbrauch, Band 1: Grundlagen und Konzepte. Göttingen 2004
▸ Schuhrke, Bettina: Kindliche Körperscham und familiale Schamregeln. Ausgewählte Ergebnisse einer Interviewstudie. In: BzgA Forum 2/1998
▸ Schuhrke, Bettina: Sexuelle Entwicklung im Kindes- und Jugendalter: Normalität und Störung. In: Körner, Wilhelm/Lenz, Albert (Hg.): Sexueller Missbrauch, Band 1: Grundlagen und Konzepte. Göttingen 2004
▸ Schütz, Elisabeth/Kimmich, Theo: Sexualität und Liebe – Praxis der Sozialpädagogik, Band 1. Weinfelden 2001
▸ Steinhage, Rosemarie: Personenzentrierte Psychotherapie in der Arbeit mit durch sexualisierte Gewalt Traumatisierten. In: Körner, Wilhelm/Lenz, Albert (Hg.): Sexueller Missbrauch, Band 1: Grundlagen und Konzepte. Göttingen 2004
▸ Strohhalm e.V.: Auf dem Weg zur Prävention. Berlin 2001
▸ Strohhalm e.V.: „Ist das eigentlich normal?" Sexuelle Übergriffe unter Kindern. Leitfaden zur Verhinderung und zum fachlich-pädagogischen Umgang. Berlin 2004
▸ Valtl, Karlheinz: Sexualpädagogik in der Schule. Weinheim 1998
▸ Vollbert, Renate: Sexualwissen von 2- bis 6jährigen Kindern. In: BzgA Forum 2/1998
▸ Wandzek-Sielert, Christa: Kursbuch für Sexualerziehung. München 2004
▸ Weymann-Reichardt, Beate: Doktorspiele bei Kleinkindern – ein Problem? In: www.familienhandbuch.de

Ulli Freund · Jahrgang 1962, ein Sohn
Juristin, Diplompädagogin, Verfahrenspflegeausbildung, seit 1996
Mitarbeiterin bei *Strohhalm e.V.*
Langjährige Erfahrung in der Präventionsarbeit mit PädagogIn-
nen, Eltern, Mädchen und Jungen. Arbeitsschwerpunkte: Täterprä-
vention im pädagogischen Bereich, interkulturelle Präventionsar-
beit, mehrjährige Beratungserfahrung zum Thema sexuelle
Übergriffe unter Kindern

Dagmar Riedel-Breidenstein · Jahrgang 1952, eine Tochter
Diplom-Soziologin, Japanologin
Leiterin eines Jugendfreizeitheimes in Berlin-Kreuzberg
(1976-79), Familienhilfe.
1987 Mitgründerin von *Strohhalm e.V.*, seit 1991 Leitung des
Projektes *Strohhalm e.V.* Arbeitsschwerpunkte Öffentlichkeits-
arbeit und Vernetzung, Täterprävention im pädagogischen
Bereich, interkulturelle Präventionsarbeit, Präventionsarbeit
mit Jugendlichen und mehrjährige Beratungserfahrung zum
Thema sexuelle Übergriffe unter Kindern.

Vorträge · Fortbildungen · Beratungen

Die Autorinnen bieten auch überregional Teamfortbildungen, Referate und Bera-
tungen zum Umgang mit der Problematik sexueller Übergriffe unter Kindern an
und helfen bei der Entwicklung von Konzepten und Standards für Teams und Einrichtungen. Es gibt Basisangebote, deren Inhalte an die individuellen Erforder-
nisse angepasst werden können. Für genauere Informationen nehmen Sie Kontakt zu den Autorinnen über *Strohhalm e.V.* auf.

Praxishandbuch zum Präventionsprogramm von *Strohhalm e.V.*

Das Handbuch „Auf dem Weg zur Prävention" bietet eine Einführung in die
Grundlagen zum Thema sexueller Missbrauch. Aspekte für die
Präventionsarbeit werden praxisorientiert vermittelt. Das Prä-
ventionsprogramm für Mädchen und Jungen in Kindergarten
und Grundschule wird detailliert erläutert und enthält einen
umfangreichen, übersichtlich nach Themen gegliederten
Materialteil, der zum Ausprobieren anregt. Empfehlungen für
Kinder- und Fachliteratur ergänzen den Band.

Kontakt · Information · Bezug

Für Anfragen und Rückmeldungen erreichen Sie uns unter:
▶ *Strohhalm e.V.* · Luckauer Str. 2 · 10969 Berlin
  eMail: strohhalm@snafu.de · www.snafu.de/-strohhalm

STROHHALM e.V.

Auf dem Weg
zur Prävention

Praxishandbuch zum Präventionsprogramm

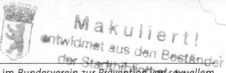

Wir sind Mitglied im *Bundesverein zur Prävention von sexuellem Missbrauch an Mädchen und Jungen e.V.*

Wir fördern die Arbeit vom Bundesverein. Der Bundesverein ist ein bundesweiter Zusammenschluss von Frauen und Männern, die in Institutionen, freien Trägern oder als Einzelpersonen zum Thema sexualisierte Gewalt gegen Mädchen und Jungen arbeiten.

Der Bundesverein hat Qualitätskriterien für die Präventionsarbeit entwickelt, gibt eine Fachzeitschrift *prävention* heraus, organisiert Fachtagungen und zielt auf ein mögliches breites gesellschaftliches Bündnis gegen sexuellen Missbrauch.

Fördern Sie mit uns die Arbeit des Bundesvereins – für die Sicherheit von Mädchen und Jungen!

NOSPA • BLZ 217 500 00 • Konto-Nr. 20 018 801

Weitere Informationen über:

Geschäftsstelle · Postfach 47 47 • 24047 Kiel oder: www.bundesverein.de

---

Telefonische Beratung zu Büchern & Materialien

Fon: 02 21 - 1 39 62 09

Bestellung per

Fax: 02 21 - 1 39 63 48 · Fon: 01 80 - 3 66 62 84

DONNA VITA Fachhandel

Postfach 13 01 21 · D - 50495 KOELN

Fax 02 21 - 1 39 63 48

Bitte senden Sie Ihren Katalog an:

Absender _____

Name _____

Straße, Nr. _____

PLZ, Ort _____

Datum, Unterschrift _____